Zurzach – Bezirk und Region

**Franz Keller  Paul Abt**

# ZURZACH
## BEZIRK UND REGION
### LANDSCHAFT AM WASSERTOR
### DER SCHWEIZ

AT VERLAG

© 1994
AT Verlag Aarau/Schweiz
Lektorat: Franziska Meister
Satz, Lithos und Druck: Grafische Betriebe
Aargauer Tagblatt AG, Aarau
Bindearbeiten: Buchbinderei Burkhardt AG, Mönchaltorf
Printed in Switzerland

ISBN 3-85502-447-2

# Inhalt

| | |
|---|---|
| Von Menschen und Landschaften | 7 |
| Von der Spornegg bei Baldingen | |
|     wurde der Bezirk Zurzach vermessen | 9 |
| Der Achenberg – die Mitte des Bezirks | 11 |
| Mehr Wald als anderswo | 13 |
| Landwirtschaft mit ungewisser Zukunft | 16 |
| Der Laufen – | |
|     Natur von nationaler Bedeutung | 23 |
| Die Schneisinger Alpenrosen | 24 |
| Weltgeschichte im Aaretal | 26 |
| Das grosse Sterben in Klingnau | 28 |
| Kaiserstuhl – ein Hauch von Mittelalter | 31 |
| Die sonderbaren Fremden – | |
|     Juden im Surbtal | 37 |
| Die Bundesrätin auf Besuch | 45 |
| Zurzach als geschichtlicher Sonderfall | 47 |
| Eisenbahn – von der Pionierzeit | |
|     ins Abseits | 51 |
| Wandel eines Jahrhunderts – | |
|     Beispiel Koblenz | 53 |
| Es führen Wege und Strassen... | 55 |
| Flussschiffahrt – eine umstrittene Chance | |
|     zum Anschluss an die grosse Welt | 58 |
| Wasserkraft vom Wassertor | 59 |
| Naturschutzgebiet Stausee Klingnau | 63 |
| Kernkraftwerk Leibstadt | 69 |
| Am Holz hing fast alles | 70 |
| Das Salz der eigenen Erde | 72 |
| Von der Ziegelhütte | |
|     zum Baustoffunternehmen | 75 |
| Damals Kalk – heute Zement | 76 |
| Bad Zurzach – Kurort aus dem Nichts | 79 |
| Im Wein ist Wahrheit – | |
|     die Wahrheit vom Wein | 83 |
| Von der Johanniterkommende | |
|     zum Regionalspital Leuggern | 85 |
| Nachbarschaft zu Deutschland | 89 |
| Ein Stück Maginotlinie in Full-Reuenthal | 96 |
| Ein Holzboden für Kultur? | 99 |
|     Botschaft des Bezirks Zurzach | |
|     an den hohen Regierungsrat | |
|     des Kantons Aargau 1953 | 100 |
| Sagen und Legenden | 101 |
|     Der Lindegiger vom Ruckfeld | 101 |
|     Die Schlüsseljungfrau von Tegerfelden | 104 |
|     Vom Zauber des Silberbrünnelis | |
|     bei der Spaltenflue | 108 |
| Gestalten und Geschicke | 109 |
|     Die letzte Hinrichtung | |
|     im Bezirk Zurzach | 109 |
|     Die schaurige Geschichte | |
|     vom «Froueli», das zum «Märit» | |
|     gehen wollte | 110 |
|     Absturz eines amerikanischen | |
|     Liberator-Bombers bei Würenlingen | 112 |
|     Tod am Talenbach | 116 |
| Dank | 119 |

# Von Menschen und Landschaften

Das Eigentümliche des Bezirks Zurzach an der Nordostecke des Kantons Aargau lässt sich nur schwer in wenigen Sätzen zusammenfassen. Der Hinweis auf die kleinräumige Hügellandschaft an den Ausläufern des Juras kann nur ein Teil der Umschreibung sein. Dominierend sind auf jeden Fall die mächtigen Wasserläufe: der Rhein, der den Jura nach Norden begrenzt und zum Schwarzwald überleitet; die Aare, die den Jura durchbricht und die Öffnung nach Norden schafft. Zu diesen prägenden Wasserstrassen wenden sich die bescheidenen Seitentäler. Ausladend und grosszügig zeigt sich das Surbtal mit seinen Weilern auf den sanft ansteigenden Talflanken, mit dem fruchtbaren Ruckfeld und den sonnenbeschienenen Südhängen, die von Endingen bis ins Aaretal seit Jahrhunderten den Rebbau gedeihen lassen.

Das untere Aaretal ist die natürliche Hauptachse des Bezirks. Das ist der einzige Gebietsteil, der sich zur grosszügigen Verkehrserschliessung und für ein markantes wirtschaftliches Wachstum anbietet. Von dieser Lage profitiert auch die Westseite der Aare mit Kleindöttingen und dem angrenzenden Kirchspiel. Doch der Aarelauf und die geschichtliche Tradition haben dafür gesorgt, dass die Entwicklung zu beiden Seiten des Flusses stets eigenständig verlief. Von Koblenz bis Kaiserstuhl fällt die steile, fast durchwegs bewaldete Nordabdachung des Juras auf. Die Topografie lässt nur wenig Raum für Siedlungen und

Blick von Böttstein über das weiträumige untere Aaretal mit Döttingen und Klingnau.

Kulturland offen. Aus dieser Beschränkung heraus konnten sich keine grösseren Orte entwickeln. Die ausgedehnten Waldgebiete zwischen Surb- und Rheintal bekommen durch die drei parallel verlaufenden Täler des Chrüzlibachs, des Tägerbachs und des Fisibachs eine reizvolle Kleingliederung mit eingestreuten Kulturlandflächen und ländlich gebliebenen Ortschaften.

Im ganzen ist Zurzach ein Bezirk, der immer etwas dünner besiedelt war als das vergleichbare Mittelland, ein Landstrich ohne Zentrum, dafür mit vielen kleinen Gemeinden, die stets auf Eigenständigkeit erpicht waren, ein Gebiet, das stark vom Wasser- und Waldreichtum geprägt ist und so zu einem eindrücklichen Landschaftserlebnis werden kann.

Die Landschaft hat sicher auch die Menschen geformt. Die bescheidenen Verhältnisse in kleinbäuerlicher Umgebung haben ihre Spuren hinterlassen. Wirtschaftliche Unsicherheit und die jahrhundertelange Fremdherrschaft der Vögte liessen keine Höhenflüge zu. So wuchs ein erdnaher, nüchterner Volksschlag heran, der mit kritisch-vorsichtigem Augenmass unverdrossen die Alltagsplackereien anging und sich notgedrungen mit wenigem zufriedengeben musste.

Als Folge der Reformation lebte im Bezirk vom 16. Jahrhundert an eine reformierte Minderheit. Im 17. Jahrhundert kam eine weitere konfessionelle Gruppe dazu, die Juden von Endingen und Lengnau. Es lief nicht alles in Harmonie, aber das tägliche Zusammenleben im gemeinsamen dörflichen Umfeld zwang zu einfachen Formen der Toleranz.

# Von der Spornegg bei Baldingen wurde der Bezirk Zurzach vermessen

Erst zu Beginn des 19. Jahrhunderts waren die notwendigen technischen Voraussetzungen gegeben, geografische Karten auf der Basis zuverlässiger Vermessungen zu erstellen. Die Nachfrage war gewaltig gross. Der Wiener Kongress hatte die Landesgrenzen neu gezogen. Im Zeichen des nationalen Aufbruchs erhielt die Kartografie einen enthusiastischen Auftrieb. In der Schweiz wetteiferten Bund und Kantone miteinander in der Vermessung ihrer Gebiete und in der Herausgabe zuverlässiger Kartenwerke. In Genf gab es den unermüdlichen und kompetenten Förderer der Landesvermessung, den späteren General Henry Dufour. 1836 wurde er mit der Leitung der eidgenössischen Vermessung betraut. Als Grundlage existierten die eidgenössischen Triangulationen I. und II. Ordnung.

1836 schrieb der Kanton Aargau die Vermessung zur Konkurrenz aus. Den Zuschlag für 33 890 Franken erhielt Heinrich Michaelis, ein ehemaliger preussischer Offizier. Michaelis hatte schon topografische Aufnahmen im Tessin gemacht und dabei die Anerkennung Dufours gewonnen. Die Rahmenbedingungen des Vertrages wurden 1837 geregelt. Vereinbart wurde der Massstab 1:25 000. Die Karte musste die Kantons-, Bezirks- und Gemeindegrenzen enthalten, dazu das gesamte Verkehrsnetz bis hin zu den Fusswegen. Die Geländeformen wurden mit Schraffen deutlich gemacht. Der Kanton verzichtete auf Höhenkurven. Michaelis wäre technisch dazu imstande gewesen. Die Kosten wären aber in diesem Fall höher ausgefallen, und die Herstellungszeit hätte länger gedauert. Die Schlussabrechnung wies einen Betrag von beinahe 40 000 Franken aus. Davon hatte Michaelis aber auch noch seinen Gehilfen zu bezahlen.

Systematisch und mit grossem Arbeitseifer packte Michaelis das Vermessungswerk an. Seine Ausrüstung bestand aus Stativ, Messtisch, Kippregel und Feldbuch. Dreiundvierzig Feldbücher sind noch vorhanden. Sie enthalten eine Fülle aufschlussreicher Skizzen und Anmerkungen. Schon die vorhandene Triangulation II hatte die Spornegg bei Baldingen zum zentralen Vermessungspunkt bestimmt. Die unbewaldete Geländekuppe eröffnete den bestmöglichen Weitblick ins Studenland, ins Rheintal, in den Schwarzwald, ins untere Aaretal und gegen die Lägern. Als ergänzende Fixpunkte konnten von der Spornegg aus die Küssaburg, das Waldhaus ob Siglistorf, das Burghorn auf der Lägern, der Rotberg bei Villigen und die Riedfluh bei Felsenau anvisiert werden. Die Numerierung der achtzehn Blätter erfolgte von Westen nach Osten in fünf horizontalen Schichtungen. Rheinfelden wurde Blatt I, Sins Blatt XVIII. Der Bezirk Zurzach ist auf die vier Blätter Klingnau, Zurzach-Kaiserstuhl, Brugg und Baden aufgeteilt. Oberendingen liegt ziemlich genau im Zentrum der vier Kartenblätter.

Die Michaeliskarte ist viel mehr als nur kartografisches Erinnerungswerk. Sie bedeutet eine unerschöpfliche Fundgrube geschichtlicher und volkskundlicher Zusammenhänge.

Kirche und Pfarrhaus von Baldingen. Die Kirche ist ein stilreiner neugotischer Bau aus der Jahrhundertwende.

Die Spornegg bei Oberbaldingen. Sie eröffnet eine umfassende Rundsicht über den Bezirk und in den Schwarzwald.

Sie zeigt Hintergründe auf, die in der Zwischenzeit durch Überbauungen, neue Verkehrsnetze, Meliorationen und Flusskorrekturen überdeckt worden sind. Die Kaiserstuhler Brücke war der einzige grössere Flussübergang. Da war Kleindöttingen noch ein Weiler, und die Aare löste sich von der Beznau an in ein Gewirr von Sumpflandschaften, Auenwäldern und Flussläufen auf, die bis an den Klingnauer Stadthügel reichten. Nur die Belchenstrasse nach Kaiserstuhl und die Verbindung übers Ruckfeld nach Tegerfelden–Zurzach waren Landstrassen mit solidem Unterbau.

# Der Achenberg – die Mitte des Bezirks

Der schlichte Achenberg nimmt eine zentrale Position ein. Er ist die eigentliche Schnittstelle des Bezirks. Aus dem Rhein- und Aaretal ist er ebenso unmittelbar zugänglich wie aus dem Surbtal und dem Studenland. Sechs Gemeinden schieben ihre Banngrenzen bis zur leicht gewellten Waldwiese oder mindestens in deren Nähe. Auf drei Seiten von Aare und Rhein eingerahmt, wirkt der sanfte Tafeljurazug wie eine waldumsäumte Halbinsel. Die Waldlichtung selber mit ihrer Kapelle und der Bauernwirtschaft gibt dank der Geländeabdachung nach Norden den Blick über die Bäume hinweg zum Schwarzwald frei. Es mag symbolisch sein, dass sich die Gemeindebanne von Zurzach und Klingnau in seltsamer Weise auf dem Achenberg ineinander verzahnen. Der Bauernbetrieb liegt noch auf Zurzacher Boden; die Kapelle eigentlich auch, aber der Sakralbau selber gehört zur Kirchgemeinde Klingnau. Trotz seinem bescheidenen Erscheinungsbild ist der Achenberg ein geschichtsträchtiger Ort. Schon im Mittelalter war die Hochfläche gerodet und besiedelt. Eine bescheidene hauseigene Quelle war dafür die unabdingbare Voraussetzung. 1269 schenkte Walther von Klingen, der Sohn des Städtegründers, dem Kloster Sion den Achenberg. Aber schon ab 1300 erscheint das Gehöft im Besitz des mächtigen Klosters Sankt Blasien. Lehensleute bewirtschafteten die vierzehn Taue Matten und die sechzehn Jucharten Acker und Reben. In einem Tauschverfahren kam der wenig bedeutsame Besitz 1657 an das Kloster Sion zurück. Weil sich das Stift in ständigen Geldnöten befand und weil die Klingnauer wohl merkten, wie einträglich die Verenawallfahrten nach Zurzach waren, beschlossen sie, den Achenberg zum Wallfahrtsort zu machen. Die Zeit dazu war günstig. In der Kirche herrschte barocke Aufbruchsstimmung. Die italienische Lorettobewegung griff über die Alpen und liess hier eine ganze Reihe von Lorettokapellen entstehen. 1662 wurde eine solche auf dem Achenberg vollendet, die Jahreszahl steht über dem Eingangsportal. 1668 bestätigte der Papst die Gründung der Achenbergbruderschaft zu den sieben Schmerzen. Sie hatte Mitglieder bis ins Fricktal und in den Schwarzwald. Das wechselvolle Spiel der Besitzesänderungen fand 1724 eine neue Fortsetzung, indem der Achenberg wiederum an Sankt Blasien kam. Die Kapelle muss damals voll mit Votivtafeln behangen gewesen sein. Eine der wenigen erhaltenen berichtet von dem «ehrbaren Jüngling» Johannes Häfeli, dessen Schwester bei der Mistausfuhr vom Waidling fiel und elendiglich ertrunken wäre, wenn ihr die Jungfrau Maria vom Achenberg nicht geholfen hätte. 1807 besiegelte Napoleon die Aufhebung des Klosters Sankt Blasien. Der junge Kanton Aargau verkaufte den Landwirtschaftsbetrieb im Achenberg einem Bauern und übergab die Kapelle samt Sigristenhaus der Gemeinde Klingnau. 1860 erfolgte eine grössere Restaurierung, wobei auch der bekannte Innerschweizer Künstler Paul Deschwanden zum Zug kam. Das idyllische Sigristenhäuschen südlich der Kapelle wurde in den dreissiger Jahren des 20. Jahrhunderts abgebrochen. Eine weitere Renovation zwischen 1964 und 1966 gab der

Der alljährliche Achenbergschwinget.

Kapelle ihr heutiges Aussehen. Der Bauernhof samt Wirtschaft blieb in Privatbesitz, wechselte aber noch einige Male den Besitzer.

Um die Achenbergwallfahrten ist es ruhig geworden. Die Pilgerfahrten, die jeweils am 2. Juli, am Tag Maria Heimsuchung, ihren Höhepunkt fanden, sind gänzlich verschwunden. Auch die gemeinsamen Bittgänge der umliegenden katholischen Kirchgemeinden vom 16. August sind eingestellt worden. Doch eine gewisse religiöse Aktivität hat sich erhalten. Dafür sorgt die katholische Kirchgemeinde Klingnau. Jedes Jahr halten zudem die Reformierten des Bezirks im Umgelände der Kapelle ihr Kirchentreffen ab. Vereinzelt haben sogar junge Brautpaare den Achenberg als stimmungsvollen Hochzeitsort entdeckt.

Für den Achenberg ist es ein Glück, dass er nie in den Sog der modernen Entwicklung geraten ist. Pläne dazu hat es immer wieder gegeben, nicht zuletzt im Zusammenhang mit den Kurortprojekten von Zurzach. Als der Aargau Vorabklärungen für ein kantonales Sportzentrum traf, kam auch der Achenberg ins Gespräch. Aber die eher reservierten Reaktionen der Lokalinstanzen holten die planerischen Höhenflüge rasch auf den naturnahen Boden der Waldlichtung zurück.

# Mehr Wald als anderswo

Aus einer verschollenen Bestandesaufnahme aus dem Jahre 1807 hat ein aargauischer Oberförster um 1930 zitiert, dass man im Gemeindewald Böbikon «den höchsten Baumwipfel mit dem Knie berühren könne». Mit andern Worten: es gab keinen Wald mehr, der diese Bezeichnung verdient hätte. Die Hochstämme waren verschwunden und durch das «Studenland» abgelöst worden. Eine Benennung, die sich als Regionsbezeichnung schliesslich durchgesetzt und erhalten hat. Wie war es zu diesem Waldsterben gekommen? Mehrere Ursachen mögen zusammengespielt haben. Man weiss vom Raubbau auf Geheiss der Landvögte, von den Kahlschlägen während der napoleonischen Kriege, vom Holzfrevel durch die verarmte Bevölkerung, von den Folgen des Weidgangs, von der Ausplünderung durch Gras- und Streubeschaffung.

Die zeitgenössischen Berichte vom Verkauf von hundertfünfunddreissig Jucharten Wald im Lengnauer «Althau» an den Staat geben ein sehr eindrückliches Bild von der Misere der damaligen Forstwirtschaft. Eine Erhebung in der Gemeinde Lengnau brachte zutage, dass von den rund zweihundert Bürgern nur deren fünfzig über der Armutsgrenze lebten und Steuern bezahlen konnten. Aus der Not heraus wurde beschlossen, einen Teil des Gemeindewalds an den Staat zu verkaufen. So hofften die Behörden, aus der drückenden Verschuldung herauszukommen. An Holz war im «Althau» ohnehin nichts mehr zu holen. Der Blick über die Hochebene wurde von keinem einzigen richtigen Waldbaum verstellt. Den Holzvorrat schätzte man auf zwölf Kubikmeter Staudenholz pro Hektare. Der Kanton ging auf die Offerte ein. Auch ihm war an der Sanierung der Gemeindefinanzen gelegen. Aber eine andere Überlegung war ihm noch wichtiger. Es war höchste Zeit, dem alarmierenden Waldschwund zu Leibe zu rücken. Zu diesem Zweck kaufte der Kanton Waldparzellen auf und liess sie nach neuen forstwirtschaftlichen Prinzipien bewirtschaften. Er handelte damit im Sinne der Bestrebungen, die von der neuen forstwirtschaftlichen Abteilung der ETH ausgingen. Die Beispiele rationeller Waldpflege sollten auf die Region ausstrahlen und zur Nachahmung ermuntern.

Die Rechnung ging auf. Nach 1860 arbeiteten die Gemeinden mit grossem Einsatz und beachtlichen Resultaten an der Sanierung ihrer Wälder. Um die Jahrhundertwende wurden die Statistiken gründlicher und umfassender. Die Walderträge pro Hektare konnten auf hundertfünfzig und mehr Kubikmeter jährlich gesteigert werden. Die 135 Hektaren Staatswald im Lengnauer «Althau» sind bis heute in Kantonsbesitz geblieben. Sie gehören zu den 298 Hektaren Staatswald des Bezirks. Staatswaldparzellen gibt es auch zwischen Tegerfelden und Rekingen, dann im Riedholz, eine Parzelle im Mellikoner Bann, der Schlosswald, der ehemals zur Schwarzwasserstelz gehörte, der Tschudiwald in Fisibach und eine stattliche Fläche im Kirchspiel. Ihr Übergang in Staatsbesitz war die Folge geschichtlicher und wirtschaftlicher Entwicklungen. Sie ergaben sich aus der Auflösung kirchlicher oder feudaler Strukturen, aus Konkursen oder kommunaler Notlage.

Eine Beurteilung aus den zwanziger Jahren fasst zusammen, dass die minderwertigen Stockausschlagflächen eindeutig im Rückgang und durch wüchsigen Hochwald ersetzt worden seien. 4798 Hektaren umfasste der gesamte Waldbestand des Bezirks, das waren 37 Prozent. Im Kanton lag das entsprechende Verhältnis bei 33 Prozent, im Bund bei 29 Prozent. 2780 Hektaren waren im Besitz von Gemeinden und Korporationen, 1720 Hektaren gehörten Privaten. 298 Hektaren waren Staatswald. Die Hauptflächen waren die bewaldeten Hügel zwischen Aaretal, Surbtal und Rheintal. Sie wurden ergänzt durch die Waldzonen des Kirchspiels und die östlichen Ausläufer des Siggenbergs. Eine markante Beeinträchtigung der Waldfläche brachten die Rodungsprogramme des Zweiten Weltkriegs. Ihre Veränderungen des Landschaftsbildes im Lengnauer Schladholz, im Endinger Güllenhau und im Klingnauer Äppelö sind bis heute spürbar.

Der Wald als Wirtschaftsfaktor hat sich gründlich verändert. Aus der Mangelware Holz ist Überfluss geworden. Brennholz ist auf der Bedarfsliste fast völlig verschwunden. Die übrigen Holzarten sind nur noch schwerlich und auf jeden Fall nicht zu kostendeckenden Preisen abzusetzen. Die Ortsbürgergemeinden als wichtigste Waldbesitzerinnen tun sich schwer, über die Runden zu kommen. Eine neue Denkart der Waldbewirtschaftung wird von der Gewinnorientierung wegführen müssen. Je mehr die offenen Landflächen überbaut oder landwirtschaftlich intensiv genutzt werden, desto wichtiger wird die ökologische Ausgleichsfunktion des Waldes. Er hat seine Bedeutung zur Regulierung des Wasserhaushalts, als Erholungsgebiet für unsere Freizeit- und Industriegesellschaft, als einigermassen sichere Rückzugsregion für Fauna und Flora und nicht zuletzt als Energiereserve für eine ungewisse Zukunft. Die Kulturlandplanung in den Gemeinden tragen diesen Überlegungen Rechnung. Es werden wieder vermehrt Mischwälder mit der ganzen reichen Vielfalt einheimischer Waldbäume angestrebt. Die schon bestehenden Naturreservate des Zurzibieter Waldes sollen durch zusätzliche ergänzt werden.

Oben: Holzschlag im «Nurren». Das Gebiet ist Teil des waldreichen Studenlands.
Unten links: Waldgebiet im «Chessel» bei Wislikofen. Die Schlucht erschliesst den Zugang ins Tägerbachtal nach Wislikofen, Mellstorf und Siglistorf.
Unten rechts: Alte Kopfweide am Bachlauf. Die vielen unversehrten Wasserläufe haben eine reiche Ufervegetation.

# Landwirtschaft mit ungewisser Zukunft

Ältere Leute erinnern sich noch aus eigenem Erleben an die Landwirtschaft von damals. Das war die Zeit, als noch rund ein Viertel aller Berufstätigen ihr Auskommen in der Landwirtschaft fanden und als an der «Landi» in Zürich stolz die Aufschrift prangte: «Jeder vierte Schweizer ist ein Bauer.» Im bäuerlich geprägten Bezirk Zurzach waren es noch mehr. Sie betrieben ein hartes und in mancher Hinsicht mühseliges Tagwerk. Mit Pferde- und Viehfuhrwerken bewältigten sie die langen, schlechten Wege aufs Feld. Die Parzellen waren klein; die Güterregulierungen steckten noch in den Anfängen. Wenn sie da und dort nach harten Vorgefechten doch zur Ausführung kamen, beschränkten sie sich meistens auf Teilbereinigungen. Viehseuchen und Schädlingsplagen war man machtlos ausgeliefert. Als von den USA her die Kartoffelkäfer eingeschleppt wurden, bot man Schulklassen zum Ablesen des gefrässigen Ungeziefers auf. Ging ein Viehseuchenzug durchs Land, behalf man sich mit strengen Absperrungen der befallenen Gehöfte und mit einfachen Desinfektionsmassnahmen. Der Erfolg war meistens gering. So blieben nur die Geduld und der Durchhaltewillen, bis das Unheil sich wieder verzog. Wo es die Talsohlen erlaubten, unterhielten die Bauern ihre uralten Bewässerungsanlagen, und wenn sie Zeit und Mittel fanden, zogen sie in Handarbeit Bewässerungsgräben in die vielen Sumpfgebiete, um das Kulturland zu vergrössern.

Mit der Industrialisierung wurden die billigen Arbeitskräfte rar. Die Fabriken mit ihren festen Stundenlöhnen und den geregelten Arbeitszeiten waren attraktiver. Von der landwirtschaftlichen Schule Brugg brachten die jungen Bauern neue Ideen zur rationelleren Bewirtschaftung ihrer Höfe. Eine erste bescheidene Mechanisierung setzte sich durch. Mähmaschine, Wender und Pferderechen erleichterten die Heuernte. Der Selbsthalterpflug löste den alten Aargauer Pflug ab. In jedem Bauernbetrieb stand schliesslich der kleine Elektromotor, der den Heuaufzug, die Rübenhackmaschine und die Dreschmaschine antrieb.

Zum tiefgreifenden Einschnitt wurde der Zweite Weltkrieg. Die Lebensmittelverknappung machte den bäuerlichen Nährstand zum Eckpfeiler der Kriegswirtschaft. Es fehlten die Arbeitskräfte, und zugleich sollte mit der Anbauschlacht mehr produziert werden. Die neue Lage gab der Mechanisierung gewaltigen Auftrieb. Sie förderte auch das Tempo bei den Güterregulierungen, und nicht zuletzt brachte sie wesentliche Verbesserungen bei der Auswahl von Saatgut, bei der Düngung und damit schliesslich bei den Erträgen. Im Grunde genommen war dies der Einstieg in die moderne Landwirtschaft. Das Schweizervolk zeigte sich 1952 den Leistungen der Landwirtschaft gegenüber erkenntlich und nahm das Landwirtschaftsgesetz an. Der Kanton Aargau doppelte mit dem Bau von drei landwirtschaftlichen

Oben: Siedlungshof im Surbtal. Nach dem Zweiten Weltkrieg begann der Auszug der Bauern aus den Dörfern.
Unten: Mechanisierte Landwirtschaft. Kartoffelernte der modernen Art in Kleindöttingen.

Schulen nach. Es folgten die guten Jahre der schweizerischen Landwirtschaft.

Auch das Zurzibiet profitierte davon. Grosszügige Subventionen sicherten die zügige Abwicklung der restlichen Güterregulierungsprogramme. Die landwirtschaftlichen Strukturen veränderten sich. Das vertraute Bild bäuerlicher Strassenzüge mit Miststöcken vor dem Haus und dem warmen Kuhgeruch in der Luft verschwand zusehends. Die Rucksackbauern zogen sich aus der Landwirtschaft zurück. Wer im Beruf blieb, vergrösserte den Betrieb und errichtete seinen Siedlungsstützpunkt ausserhalb des Dorfes, in unmittelbarer Nähe der arrondierten Kulturlandflächen. Man blieb der EG zwar fern, aber bezog von dort die landwirtschaftlichen Leitbilder: grosse Höfe, durchdachte Rationalisierung, Produktionssteigerung. Dank den staatlichen Schutzmassnahmen konnte der Bauernstand damit gut leben.

Zum Ende des Jahrhunderts veränderte sich die Situation wesentlich. Den Bauern sind vor dreissig Jahren Vorgaben gemacht worden, die sich heute als fragwürdig erweisen. Viel weniger Landwirte produzieren viel mehr, und trotzdem ist die Einkommenssicherung brüchig geworden. Der Preis für den «Fortschritt» sind sterile Agrarflächen, Monokulturen, die Verfremdung der Dörfer, Überdüngung des Bodens, Verarmung der natürlichen Tier- und Pflanzenwelt. Und auch die landwirtschaftlichen Existenzsorgen sind wieder da, teils hausgemacht, teils durch die internationale Verflechtung aufgezwungen. Die Holzwege der Landwirtschaftspolitik sind erkannt, und die beteiligten Kreise ringen um neue Leitbilder. Über die Grundzüge sind sie sich weitgehend einig. Es soll auch weiterhin einen lebensfähigen Bauernstand geben. Die Gesamtbevölkerung muss sich der Bauernminderheit gegenüber in Solidarität üben. Dazu braucht es die Bereitschaft, für Landwirtschaftsprodukte einen fairen Preis zu bezahlen. Nötig ist auch die Einsicht, dass die Kulturlandschaft zusammen mit dem Wald für eine Industriegesellschaft einen unschätzbaren ideellen Wert bedeutet. Pflege und Erhaltung dieser Flächen haben ihren Preis und sollen entsprechend abgegolten werden. So sieht es der Landwirtschaftliche Bezirksverein, der auf dieser Linie um Verständnis wirbt und die jungen Bauern ermuntert, sich mit Phantasie und Optimismus auf die veränderten Verhältnisse einzustellen. Der ländlich strukturierte Bezirk Zurzach hat eine starke bäuerliche Tradition, die in den Dorfbildern, in der Gestaltung der Landschaft und in der Mentalität der Menschen noch überall spürbar und erkennbar ist. Das ist eine verlässliche Substanz, die auch im Interesse einer positiven Zukunftsgestaltung gepflegt werden sollte.

Zeuge der Landwirtschaft von einst.
Alemannisches Riegelhaus in Fisibach.

Folgende Doppelseite:
Das Ruckfeld, die Kornkammer des Bezirks.
Die fruchtbare Terrasse fällt steil gegen das
Surbtal und das Aaretal ab.

Die Stromschnellen am Laufen. Ein einzigartiges Naturschauspiel, das in seiner ganzen Schönheit erhalten geblieben ist.

# Der Laufen – Natur von nationaler Bedeutung

Der «kleine Laufen» zwischen Koblenz und Rietheim hätte beinahe das gleiche Schicksal erlitten wie der «grosse» bei Laufenburg und die Stromschnellen vor Kaiserstuhl. Der Kraftwerkbau war beschlossen; der Aufstau hätte beginnen können. Schon waren die ersten Bauarbeiten im Gang, als das Neukonzept der nuklearen Energieversorgung Einhalt gebot. Weder die grosse geschichtliche Vergangenheit der Gegend noch die einmalige landschaftliche Schönheit hätten den folgenschweren Eingriff aufhalten können.

Merian hatte die Bedeutung des Laufens so hoch eingeschätzt, dass er ihn für «stichwürdig» hielt. Das war ausserordentlich, wenn man die Motive dieses Meisters überblickt. Aber dem Laufen kam für die Zurzacher Messe eine bedeutende Funktion zu. Ein guter Teil der Warentransporte ging auf den Wasserläufen von Aare und Rhein, und das hiess, dass damit das Schiffahrtshindernis am Laufen zu bewältigen war. Die Schwierigkeiten waren so gross, dass es dazu erfahrene, ortskundige Lotsen brauchte, die «Stüdeler» von Koblenz. Zunftartig organisiert, bewältigten sie während Jahrhunderten die schwierige, aber auch einträgliche Aufgabe. Sie kannten den Untergrund der Stromschnellen bis ins Detail. Nur zwei relativ schmale Rinnen waren befahrbar: der «Känel» auf der deutschen Seite und das «Ruschelöchli» in der Strommitte. Dazwischen lag das klippenreiche gefährliche «Judis» mit seinen drohenden Wirbeln. Gegen die beiden Ufer verunmöglichten Felspartien jeden Warentransport. Die wechselnde Wasserführung schuf unterschiedliche Strömungsverhältnisse, denen selbst die erprobtesten Lotsen nicht gewachsen waren. Trotz der grossen Erfahrung gab es gelegentlich Zwischenfälle mit dem Verlust ganzer Ladungen. Dafür wurden die «Stüdeler» verantwortlich gemacht.

Das aufkommende Eisenbahnzeitalter setzte den Zurzacher Messen ein abruptes Ende. Davon betroffen wurden in aller Härte auch die «Stüdeler». Die wirtschaftlichen Einbussen trafen im besondern die Gemeinde Koblenz, weil zugleich auch andere Krisen über den Ort hereinbrachen. Um den Laufen wurde es in der Folgezeit still. Neue Baustoffe ersetzten den Gips und brachten damit auch das Ende der Laufen-Gipsmühle am Schweizer Ufer. Bis heute deuten einige überwucherte Ruinen die stattlichen Ausmasse dieses Betriebes an. Weil der Stromabschnitt von beiden Seiten schwer zugänglich ist und weil das Umgelände weder für die Wald- noch für die Landwirtschaft Bedeutung hat, ist die Gegend als urwüchsige Einheit von Strom, Felspartien und Wald erhalten geblieben. Und damit es weiterhin so bleibt, haben auf beiden Seiten die Instanzen des Naturschutzes dafür gesorgt, dass dem Laufen künftig keine zivilisatorischen Eingriffe mehr drohen können. Einige Mühe bereiten höchstens auf deutscher Seite die sonnenhungrigen Nahausflügler, die das schmale Sandband zum Tummelplatz machen.

Wenn im Spätsommer die Zurzacher Pontoniere ihre Schlauchbootfahrten durch den Laufen nach Koblenz organisieren, dann erleben die vielen Gäste mit freudigem Staunen die eindrückliche Stromlandschaft.

# Die Schneisinger Alpenrosen

Die «Mittheilungen der Aargauischen Naturforschenden Gesellschaft» des Jahres 1878 enthalten ein «Verzeichniss der conservirten Blöcke». Dort ist im Nachtrag der folgende Vermerk angebracht: «Endlich ist auch eine Colonie von Alpenrosen auf der Schneisinger Höhe, ca. 530 Meter über Mehr, Eigenthum der Gemeinde Schneisingen, vertraglich gesichert worden.» Es ist wohl dem Glücksfall der frühen Erfassung zuzuschreiben, dass es die Alpenrosen von Schneisingen immer noch gibt und dass sie heute als ausserordentliche Seltenheit gepflegt und gehütet werden. Wie sie auf den «Chüebode» in den Boowald ob Schneisingen kamen, ist eine Frage wissenschaftlicher Mutmassungen. Sie reichen von eiszeitlichen Ablagerungen bis zum Samenzuflug aus den Alpen. Der Standort ist eine kleine Lichtung, umgeben von Nadelwald. Die Kolonie besteht wahrscheinlich aus einer einzigen Pflanze, die aus ihrem Zentrum heraus gewuchert und sich ausgebreitet hat. Der geologische Untergrund ist eine Rissmoräne, die in ihrer Zusammensetzung für Alpenrosen durchaus standorttauglich ist. Der Name «Chüebode» und die Volksüberlieferung lassen vermuten, dass das Gebiet bis ins 19. Jahrhundert hinein beweidet wurde. Die nasse Weide mit ihrem sauren Untergrund war teilweise mit Hecken, Heidelbeeren, Heidekraut und Binsen bewachsen. In diese Umgebung hinein muss man sich die Enklave der Alpenrosen vorstellen. Wegen ihrer giftigen Blätter wurde sie vom Vieh und vom Wild gemieden. Das hat wohl wesentlich zu ihrem Überleben in fremder Umgebung beigetragen.

Mit der Aufforstung im 19. Jahrhundert gerieten die Schneisinger Alpenrosen in die ungünstige Umgebung eines Nadelwalds. Der Bestand schrumpfte und beschränkte sich schliesslich auf den kleinen Raum der Waldlichtung. Für die zeitgenössische Land- und Forstwirtschaft waren sie ein lästiges Unkraut, das man durch Abmähen gelegentlich zurückstutzte. Gutachten des Geobotanischen Instituts der ETH und der Abteilung Raumplanung des Baudepartements betonen den herausragenden Seltenheitswert der Schneisinger Alpenrosen. Sie haben sich auch Gedanken über die bestmögliche Pflege und über die Massnahmen zur Erhaltung der botanischen Rarität gemacht. Dazu gehören unter anderem die Herrichtung eines modrig-sauren Waldbodens, aber auch die Reduktion der Schatteneinwirkung aus dem umgebenden Fichtenbestand. Da die Schneisinger Alpenrosen überaltert sind, hat man in den letzten Jahren kleinflächige Verjüngungskuren angestellt. Sie laufen unter wissenschaftlicher Aufsicht.

Lange bevor die Fachleute sich der Schneisinger Alpenrosen annahmen, hatte sich die Volksphantasie des Themas bemächtigt. Die Alpenrosen sind schliesslich nicht weit vom Etelweiher entfernt, der eine besonders ergiebige Sagenquelle ist.

**Was die Sage berichtet**

Vor vielen hundert Jahren herrschte in unsern Bergen eine grosse Hungersnot. Viele Familien wanderten ab und kamen auch in diese Gegend. Die armen Leute fanden aber oft nir-

Das Alpenrosenfest im Wald ob Schneisingen. Jedes Jahr findet der Anlass im «Chüebode» in unmittelbarer Nachbarschaft zu den Alpenrosen statt.

gends Hilfe in ihrer grossen Not. Von einer Familie starben alle Mitglieder an Hunger und Erschöpfung, bis schliesslich nur noch ein Mädchen und ein Knabe übrigblieben. Diese kamen mit ihren wenigen Habseligkeiten und der treu gehüteten Heimaterde – wie sie Auswanderer früher allgemein mitgenommen hatten – eines Abends in den Schneisinger Wald, wo sie schliesslich entkräftet einschliefen und nie mehr erwachten. An dieser Stelle sollen später die Alpenrosenstauden gewachsen sein. Ein paar Samen waren also zufällig in die Heimaterde geraten und hatten im Boowald Wurzeln geschlagen.

# Weltgeschichte im Aaretal

In den Standardwerken der Schweizer Geschichte hat der Bezirk Zurzach keinen Platz. Hier wurden weder ruhmreiche Schlachten geschlagen noch weitreichende politische Beschlüsse gefasst. Dass hier aber doch einmal die Frontlinie der europäischen Machtpolitik verlief, findet in der schweizerischen Geschichtsschreibung wenig Beachtung. Vielleicht steckt sogar Absicht dahinter, denn das, was sich da zur napoleonischen Zeit auf Schweizer Boden zutrug, war kein Ruhmesblatt.

1798 hatte die Alte Eidgenossenschaft ihr klägliches Ende genommen und war zugleich in den Strudel der Koalitionskriege geraten. 1799 – Napoleon war in Ägypten – holten die Alliierten zum grossen Gegenschlag aus. Suworow machte seinen berühmten Alpenzug, aber die Franzosen behaupteten sich in der Schlacht bei Zürich. Schon vorher hatte der österreichische Erzherzog Karl mit 80 000 Mann versucht, ins schweizerische Mittelland vorzustossen. Dazu musste er die französische Abwehrlinie hinter Limmat und Aare durchbrechen. Als Übergangsstelle wurde der Aareabschnitt bei Döttingen gewählt. Unter grösstmöglicher Geheimhaltung verschob Erzherzog Karl seine Armee in den Bezirk Zurzach. Eigentliche Heerlager entstanden in der Tiefenwaag, in Schneisingen, Lengnau, Endingen, Döttingen und Klingnau. Das bunt uniformierte Kriegsvolk aus allen Teilen der Donaumonarchie übertraf an Zahl um ein Mehrfaches die einheimische Bevölkerung des Bezirks. Das Lagerleben brachte alle üblen Begleiterscheinungen der zeitgenössischen Kriegsführung. Plünderungen, Requisitionen, Frondienste, Kahlschlag in den Wäldern, Ausschreitungen gegen die Zivilbevölkerung gehörten zur Tagesordnung. Ob nun die Österreicher oder die Franzosen das Regime führten, die Zeche zahlte auf jeden Fall die heimgesuchte Bevölkerung.

An einem Freitagabend zu Anfang August 1799 versammelte Erzherzog Karl seinen Stab im Haus des jüdischen Ortsvorstehers an der Hirschengasse in Endingen. Hier wurde der detaillierte Plan zur Aareüberschreitung in Döttingen entworfen. Der Heerführer aus dem österreichischen Kaiserhaus fand gar noch Zeit, sich eine Begrüssungsansprache des jüdischen Hausherrn anzuhören. Die Szene soll so eigenartig ulkig gewirkt haben, dass der Erzherzog Karl den Auftritt vom begleitenden Kriegsmaler festhalten liess.

Das Surbtal wurde zur Angriffsgrundstellung gewählt. 20 000 Russen und rund 23 000 Österreicher samt Tross wurden im Schutz der Dunkelheit zusammengezogen. Der Volksmund will wissen, dass im kleinen Seitental der Surb bei Unterendingen ein ganzes Regiment dicht gedrängt das Zeichen zum Angriff erwartet habe. Auf diese Begebenheit gehe die heutige Flurbezeichnung «Kriegsmannsgraben» zurück. Ebenfalls im Schutz der Dunkelheit bauten die Österreicher auf der «Kunte» in Döttingen den Artillerieschutz auf. Das linksufrige Kleindöttingen konnte von dort bestens eingesehen und mit Beschuss erreicht werden. So begann am 17. August nachts zwei Uhr der Brückenschlag. Er wurde zum Misserfolg. Die Übergangsstelle war schlecht gewählt; die Anker griffen auf dem felsigen Untergrund zu wenig. Etliches Material erwies sich als untauglich, vieles war gar nicht vorhanden. Die kleine Abteilung helvetischer Scharfschützen in französischen Diensten, die in Kleindöttingen stationiert war, reagierte rasch und entschlossen. So hatten die österreichischen Pontoniere nicht nur die Tücken des Brückenschlags gegen sich, sondern auch das verheerende Störfeuer der helvetischen Söldner. Fünftausend Österreicher lagen als Vorhut in Lauerstellung, um bei Tagesgrauen über die Pontonbrücken das linke Ufer zu erreichen. Sie kamen nicht dazu. Keine der beiden vorgesehenen Brücken war bis zum späteren Morgen fertiggestellt. Die mittlerweile alarmierten Franzosen führten in Eilmärschen ihre Reserven heran. Erzherzog Karl zog die Konsequenzen und brach das Unternehmen ab. Weil sich auch in den andern Gebieten der Schweiz das Kriegsglück gegen die Österreicher und Russen wendete, räumten sie noch im Jahre 1799 das ganze Territorium der Helvetik. Damit hatten die Franzosen wieder das Sagen. Weil die Armeen anderweitig benötigt wurden, zog Napoleon sie 1800 ganz aus der Schweiz zurück.

Das Surbtal, Aaretal und Kirchspiel blieben in einem jämmerlichen Zustand zurück. Die Kriegswunden verheilten nur langsam. Die Helvetik verfügte nicht über die Mittel, den gebrandschatzten Gemeinden zu helfen. Als 1803 der Kanton Aargau gegründet wurde, hatte sich die Lage der betroffenen Gemeinden noch nicht gross gebessert. Der Bezirk Zurzach war das Armenhaus des jungen Kantons. Die Klingnauer, die etwas glimpflicher weggekommen waren, beschlossen eine Dankeswallfahrt nach Todtmoos. In Döttingen hingegen etablierte sich der Brauch des «Überschüsset», der als jährlich wiederkehrendes Schützenfest an die schlimmen Tage von 1799 erinnert.

# Das grosse Sterben in Klingnau

Die napoleonische Zeit setzte dem Zurzibiet schwer zu. 1798 hatten die Klingnauer noch um den Freiheitsbaum getanzt und so ihre Begeisterung über den Anbruch einer neuen, besseren Zeit kundgetan. Die französische Besetzung und die kriegerischen Begebenheiten des Jahres 1799 im unteren Aaretal belehrten sie rasch und gründlich eines Besseren. Der Niedergang der napoleonischen Ära riss den Bezirk Zurzach noch vollends in den Strudel der europäischen Auseinandersetzungen.

Nach der Völkerschlacht bei Leipzig bewegten sich die siegreichen alliierten Truppen auf verschiedenen Achsen gegen Westen. Die südlichste kam durch das Wutachtal an den Rhein. Auf der Schweizer Seite konnte man vorerst aufatmen, denn die Österreicher blieben mit ihrer Hauptmacht auf der rechten Rheinseite. Erst ab dem österreichischen Laufenburg benützten sie beide Uferseiten für ihren Vormarsch gegen Frankreich. Beruhigend war auch, dass im Unterschied zu 1799 sich weit und breit keine französischen Truppen mehr zum Widerstand rüsteten. Was für die Hauptmacht der vorrückenden Österreicher galt, wurde vom gewaltigen Begleittross nicht mehr beachtet. Schon kurz nach Weihnachten 1813 tauchten von der Kaiserstuhler Brücke und vom Zürcher Unterland her die Massen der österreichischen Nachhut auf. Es eilte die Nachricht voraus, dass die von den Österreichern mitgeführten Mastochsen von einer ansteckenden Seuche befallen seien und dass in der Armee selber eine Typhusepidemie wüte. Die aargauischen Kantonalbehörden erhielten den Befehl, in kürzester Zeit Räumlichkeiten für ein Lazarett bereitzustellen. Sie «offerierten» das grenznahe Klingnau und schätzten sich glücklich, damit eine Belegung von Königsfelden zu verhindern. Die Klingnauer selber sahen sich ausserstande, das Verhängnis abzuwenden.

Ab Mitte Januar trafen dann die ersten Transporte mit typhuskranken Soldaten ein. Sie waren in fürchterlicher Verfassung und starben reihenweise dahin. Kloster, Propstei und Schloss waren in kürzester Zeit derart überbelegt, dass auch die Kommende Leuggern und das Schloss Bernau bei Leibstadt beansprucht werden mussten. In Klingnau bot sich das gespentische Bild eines mittelalterlichen Seuchenzugs. Die Zahl der Kranken überstieg die der Gesunden bei weitem. Die Seuche griff auf die durch Requisitionen gepeinigte Zivilbevölkerung über. Die österreichische Begleitmannschaft führte sich als arrogante Besetzungsmacht auf. Täglich starben in den Lazaretten sechzig bis neunzig Soldaten. Ihre Beisetzung musste bei Nacht erfolgen. Unterhalb von Klingnau hob man zu diesem Zweck ein Massengrab aus, den «Kaiserlichen Gottesacker». Und stets wurden die Lücken in den Lazaretten neu aufgefüllt. Auf Fuhrwerken und Weidlingen wurden weitere Ladungen von Kranken herangebracht. Viele starben schon auf dem Transport in der winterlichen Kälte. Erst im Frühling zeichnete sich eine langsame Besserung ab. Im Laufe des Sommers konnte das Lazarett aufgehoben werden. Die österreichische Begleitmannschaft verliess das Städtchen. Die Klingnauer atmeten auf. Die Behörden konnten über die Bücher ge-

Grabstätte für 3000 österreichische Soldaten. Ein schlichtes Kreuz erinnert an die Tragödie der Jahre 1813/14.

hen; die Bilanz war schlimm genug: die Toten aus der eigenen Bevölkerung, die geplünderten Vorräte, der verwüstete Wald, die angerichteten Schäden im Städtchen, die erlittenen Demütigungen. Die materiellen Schäden wurden hinterher nur zum kleinsten Teil entschädigt.

Für dreitausend österreichische Soldaten war Klingnau zur Endstation ihres Lebens geworden. Über ihrem Massengrab liessen die Behörden eine dicke Humusschicht auftragen.

Ein schlichtes Steinkreuz aus dem Jahr 1815 erinnert an die Tragödie, die in ihren schockierenden Ausmassen noch heute schwer nachvollziehbar erscheint.

Die Grabinschrift lautet:
Seht die Ruhestätte von 3000 k. k. österreichischen Soldaten, die in dem Spital zu Klingnau vom 10. Jan. bis 26. Juni 1814 verblichen sind.
R. I. P.

# Kaiserstuhl – ein Hauch von Mittelalter

Der eilige Autofahrer wird von der Kantonsstrasse aus kaum mehr als den massigen Turm am Südende des Städtchens wahrnehmen. Der eigentliche Ort versteckt sich hinter dem steilen Abfall zum Rhein. Wer Kaiserstuhl in seiner ganzen Schönheit auf sich wirken lassen will, der macht es zum Ziel einer Höhenwanderung auf deutscher Seite. Wenn der Wanderer dann den Waldrand am Grossholz erreicht, ist er überwältigt vom Anblick der mittelalterlichen Geschlossenheit des Städtchens. In straffer Dreiecksform weitet es sich vom Scheitelpunkt beim Turm hinunter zur Basis am Rhein. In der Mitte der Grundlinie gibt die geschlossene Häuserreihe eine schmale Öffnung auf die neue Rheinbrücke frei. In ihrer Betonnüchternheit wird sich der heilige Nepomuk auf der Brückenmitte verloren vorkommen. Er mag sich trösten; die Brückenvorgängerin war noch viel unansehnlicher. Aber nachdem die Hochwasser des Rheins 1867 die Holzbrücke arg ramponiert hatten, vertraute man mehr den aufkommenden Stahlkonstruktionen als der herkömmlichen Bauweise.

Als Brückenkopf der Handelsstrasse Ulm–Schaffhausen–Kaiserstuhl–Baden–Bern erlebte das Städtchen gute Zeiten. Wirtschaftlich profitierte es auch von der Nähe der Zurzacher Messen. Handwerk und Landwirtschaft waren weitere Stützen. Wiesen, Äcker, Wald und Reben lagen zur Hauptsache auf der rechten Stromseite. Der städtische Weinberg am Sonnenhang des Engelhofs war noch grösser als die heutige Rebfläche. Doch im 19. Jahrhundert zeichnete das Eisenbahnzeitalter und die damit verbundene Wirtschaftsentwicklung eine neue Richtung vor. Kaiserstuhl geriet ins Abseits. Die lebenswichtige Verbindung über den Rhein riss ab. Der nahe Kanton Zürich errichtete bürokratische Hürden. Kaiserstuhl sah sich auf seine dreissig Hektaren Stadtfläche zurückgeworfen. Zwar bewirtschaftet der Stadtförster heute noch gut hundertzwanzig Hektaren Wald, aber davon ist keine einzige Hektare auf eigenem Gemeindebann.

Erhalten hat sich die unvergleichliche Schönheit des Ortes mit seinen vielen architektonischen Eigentümlichkeiten und mit dem eindrücklichen Gegenstück am deutschen Ufer, dem Schloss Rötteln. Herausragend und beherrschend der fünfunddreissig Meter hohe Turm mit einem Grundriss von zwölf auf zwölf Metern und den zweieinhalb Meter dikken Mauern. Von ihm geht es auf der Hauptgasse in direkter Linie steil hinunter zum Rhein. Doch schon nach wenigen Schritten öffnet sich dieser Strassenzug nach links zum Brunnenplatz. Wohlgepflegte stattliche Bürgerhäuser säumen die Gasse. Der Hanglage entsprechend, überragt das obere Haus stets das nächstfolgende um eine Stockwerkshöhe. Den wuchtigen Abschluss bildet das Amtshaus, früher das Verwaltungsgebäude des Klosters Sankt Blasien.

Je stiller es im Städtchen geworden ist, desto deutlicher spricht die Geschichte, die in den Bauwerken allgegenwärtig ist. Im «Tirol» leb-

Schloss Rötteln bei der Rheinbrücke von Kaiserstuhl, ehemals Verwaltungsgebäude des Bischofs von Konstanz.

te Franz Ludwig Wind, der es als Bildhauer zu grossen Ehren brachte. Von ihm stammen beispielsweise die Bildhauerarbeiten am Zunfthaus «zur Meise» in Zürich und die Fratzen an der Propstei Zurzach. In Kaiserstuhl lebte das Geschlecht der Escher, bevor es nach Zürich auswanderte und dort seine dominierende Rolle zu spielen begann. Aus dem Geschlecht der Mayenfisch stieg Johann Jakob noch in vorrevolutionärer Zeit zu Marschallehren in französischen Diensten empor. Seinen Erfolg dokumentierte er in Kaiserstuhl mit einem klassischen Flügelbau an der Rheingasse. Auf der Gegenseite, nämlich bei den Österreichern, engagierte sich das Kaiserstuhler Geschlecht der Buol. Maurizius Buol war der kühne Erbauer des prächtigen Landhauses «zur Linde». Ganz im Stil adeliger Tendenzen der damaligen Zeit wollte er nicht mehr in der Enge des Städtchens wohnen und errichtete deshalb sein Landhaus ausserhalb der Mauern.

Als Charles Tschopp 1953 seine Aargauer Landeskunde herausgab, verwob er den historischen Abriss Kaiserstuhls mit einem Stimmungsbild seiner Zeit. Da ist von einer «verzauberten Welt» in mittelalterlicher Umgebung die Rede. Es duftet nach Bäckerbrot aus dem Holzofen; auf den Fensterbänken dösen Katzen, und eine Kolonialwarenhändlerin sonnt sich in der Ladenöffnung. Schön war's! Was ist davon geblieben? Das architektonische Erscheinungsbild ist mittlerweile noch schöner geworden. Wohlstand, Bauvorschriften und Stilgefühl haben viele Sanierungen ermöglicht und positiv beeinflusst. Geändert aber hat sich das Leben. Von den fünf Wirtschaften von damals sind noch zwei geblieben. 1991 beschloss die Gemeindeversammlung einen Unterstützungsbeitrag zur Erhaltung des letzten Ladens. Der Strassenverkehr ist gewachsen, aber er macht zum Glück einen grossen Bogen um das Städtchen herum. Dagegen stauen sich in der Hauptgasse und in den Seitenstrassen die parkierten Wagen, obwohl es dafür genügend Abstellflächen ausserhalb der Mauern gäbe. Nur noch wenige Leute finden ihr Auskommen im Ort selber. Es ist still geworden im Städtchen, etwas zu still.

Das mittelalterliche Stadtbild von Kaiserstuhl. Die Dreiecksform hat von ihrer Ursprünglichkeit kaum etwas eingebüsst.

Folgende Doppelseite:
Blick vom deutschen Gatterhof Richtung Kaiserstuhl und Zürcher Unterland. In der Bildmitte der Rhein mit Kaiserstuhl und dem deutschen Hohentengen.

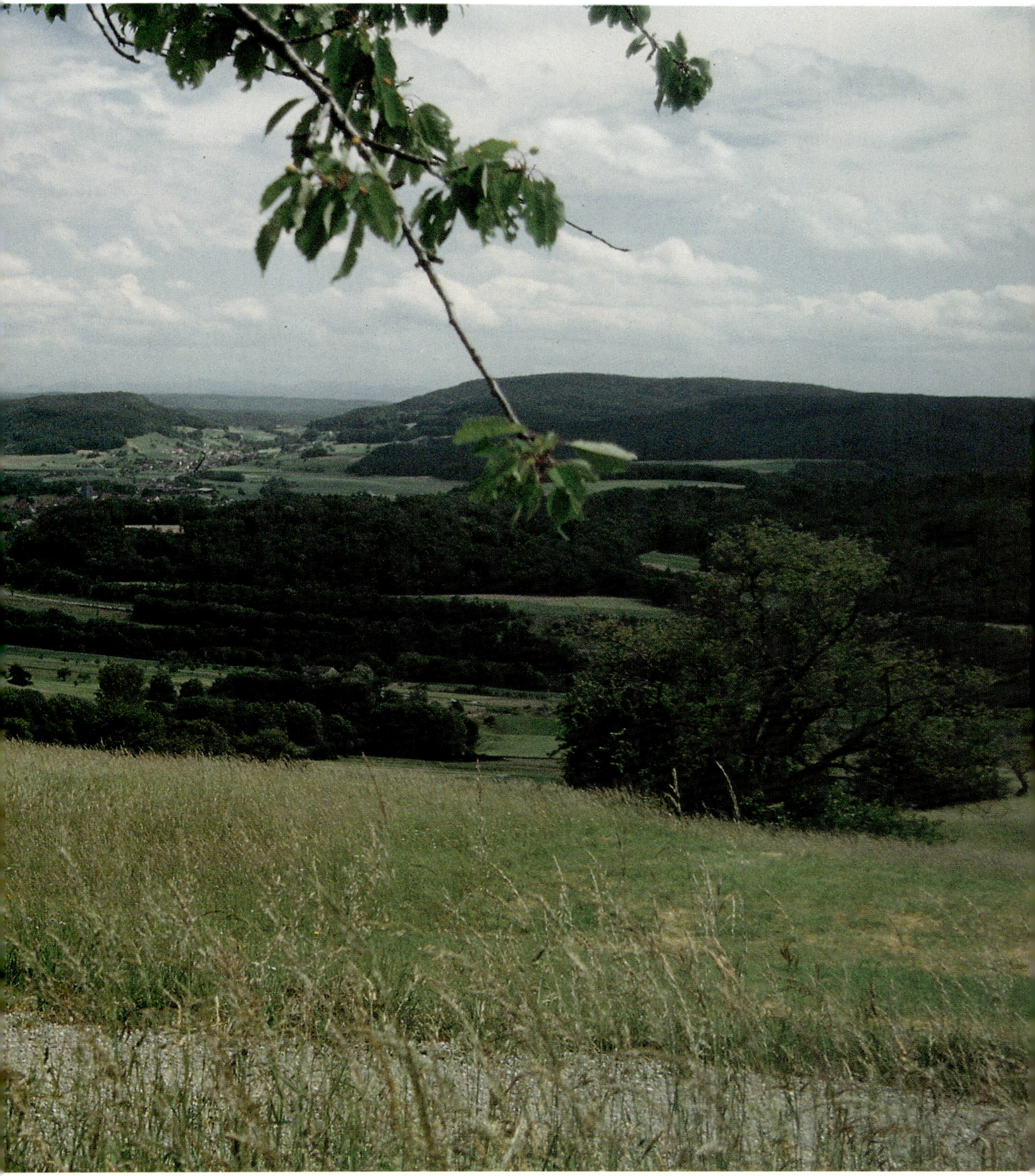

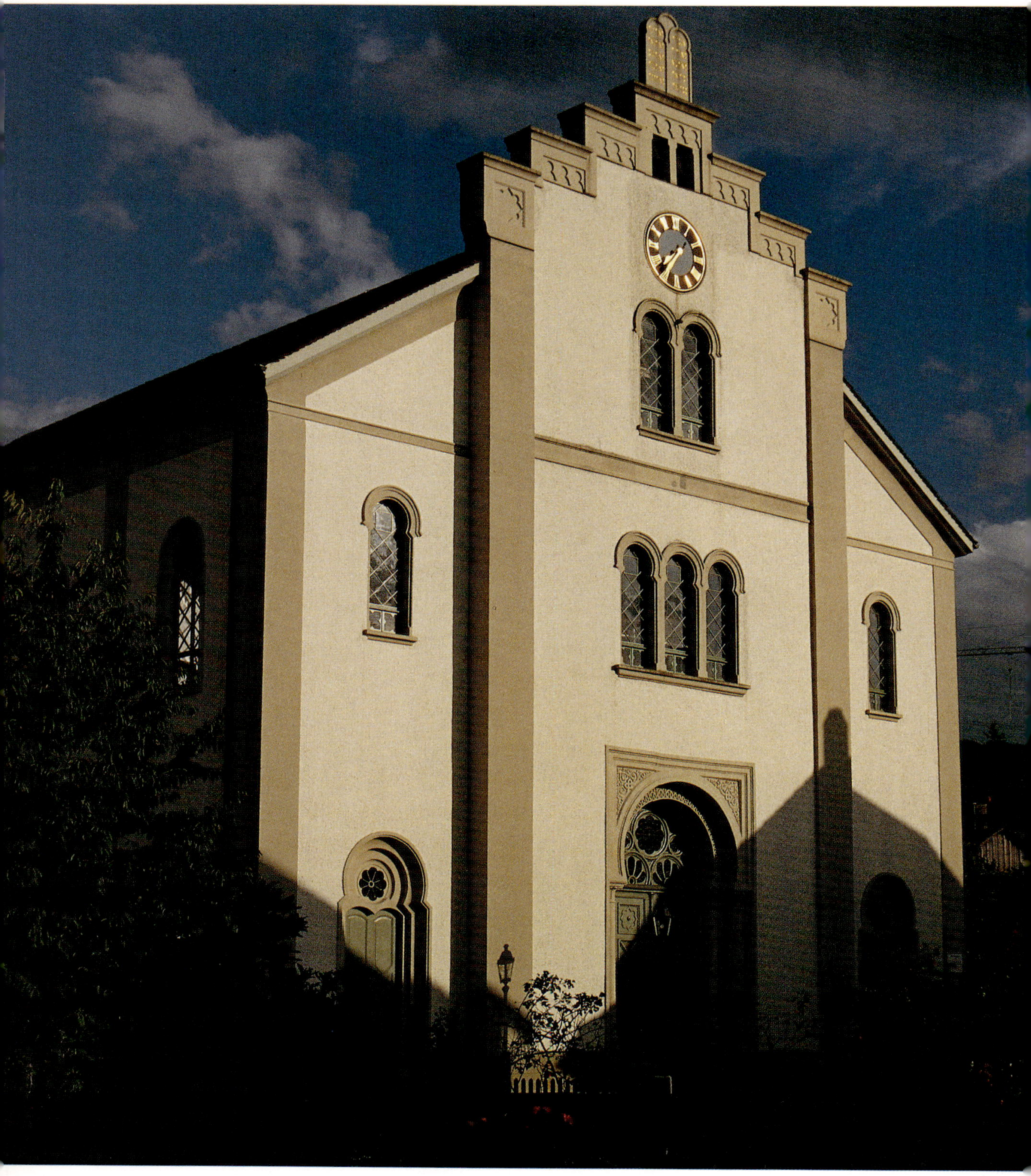

# Die sonderbaren Fremden – Juden im Surbtal

Juden im Surbtal – Juden in der Schweiz. Synagogen als Dorfzentren, das gibt's wohl nur in den beiden Surbtalgemeinden Endingen und Lengnau. Der Fremde, der staunend davorsteht, erfährt hier ein faszinierendes Kapitel steingewordener Geschichte. Es ist die leidgeprüfte Historie einer religiösen Minderheit, geprägt von Intoleranz, Zurücksetzung, Verfolgung und Pogromen, die sich immer wieder auf diese religiöse Minderheit entladen haben. Es ist aber auch die Geschichte der Überlebenskunst, der starken Solidarität einer bestenfalls geduldeten Minorität. Willkommen waren die Juden nirgends. Es musste ihnen schon viel bedeuten, wenn es ihnen gelang, über längere Zeit eine sichere Bleibe zu finden. Eine solche Bleibe wurde ihnen das Surbtal.

Im Mittelalter waren die Juden ein Fürstenregal, aus dem sich Kapital schlagen liess. Damit konnte gehandelt werden. Als die Fürsten verarmten, gingen die Titel an die Städte. Sie stellten befristete Schutzbriefe aus und zogen dafür Steuern ein. Die Juden erhielten die Berechtigung für den bei den Christen verpönten Geldverleih. Die Städte gestanden ihnen auch das Recht der freien Religionsausübung im Bereich ihrer Privathäuser und Synagogen zu. Solange die Schutzbriefe Geltung hatten, konnten die Juden einigermassen in Frieden leben. Ihre rechtliche Stellung kam aber nie jener der Christen gleich. Immerhin, man war vor Verfolgung sicher. Wer es zu Wohlstand brachte und die Stadt verlassen wollte, musste den Wohnsitzwechsel mit einer sehr hohen Ablösesumme erkaufen. Und immer wieder entlud sich der «christliche» Neid oder ganz einfach eine schwer fassbare Abneigung auf die Juden. Feuersbrünste oder Pestzüge lieferten den Vorwand, die Juden zu verfolgen, sie zu enteignen oder sogar zu töten.

Mit einigen theologischen Kunstgriffen brachten es die Schweizer Städte zustande, das kanonische Zinsverbot für Christen aufzuheben. Gleich zwei Vorteile liessen sich damit herausholen. Das lukrative Zinsgeschäft kam in städtische Hände, und man brauchte die ungeliebten Juden nicht mehr. Fast alle Städte der dreizehnörtigen Eidgenossenschaft verfügten ihre Ausweisung. Die Juden gingen ins Ausland, sofern sie es nicht vorzogen, in den noch wenigen zugelassenen Reservaten der Eidgenossenschaft Wohnsitz zu nehmen. Das Niederlassungsrecht beschränkte sich auf wenige Ortschaften der Untertanengebiete. Dazu gehörte auch die Grafschaft Baden. Das Leben auf dem Land war für die Juden eine schlechte Voraussetzung. Die vielen wirtschaftlichen Einschränkungen brachten sie in existenzielle Bedrängnis. Aber sie hatten jahrhundertelange Erfahrung im Kampf ums Überleben. Das half ihnen, auch in den abgeschiedenen Tälern ein Auskommen zu finden und sich als Gemeinschaft einzurichten.

Erstmals wird 1622 ein Jude aus Lengnau erwähnt. Ihn hatten möglicherweise die Wirren des Dreissigjährigen Krieges ins Surbtal verschlagen. Die Drangsale im Deutschen

Die Synagoge von Endingen. Nach der Bewältigung vieler Hindernisse konnte sie 1764 gebaut werden.

Reich brachten jedenfalls eine starke Zuwanderung von Juden. Sie flüchteten sich in den süddeutschen Raum und in die angrenzende schweizerische Nachbarschaft. Aus jener Zeit stammen die jüdischen Gemeinden von Tiengen und Stühlingen, die bis zum Nationalsozialismus Bestand hatten. Zuwanderer kamen auch aus der verwüsteten Pfalz, die einmal ein eigentliches Kerngebiet des europäischen Judentums gewesen war.

Was in den Anfängen eher zufällige und provisorische Niederlassungen waren, entwickelte sich im Surbtal in zäher Aufbauarbeit zu zwei stabilen Gemeinwesen eines eigenständigen und eigentümlichen helvetischen Landjudentums. Die Grenzen waren eng gesteckt und mit Schutzbriefen hart umschrieben. Die ortsüblichen Haupterwerbszweige, Landwirtschaft und Handwerk, blieben den Juden weitgehend verwehrt. So wichen sie in den Handel aus, für den die beiden Dörfer günstig gelegen waren. In ungefähr gleicher Distanz waren das Messezentrum Zurzach und die Handelsstadt Baden. Das religiöse Leben durfte dem Christentum nicht in die Quere kommen. Die Juden mussten schon zufrieden sein, wenn ihnen ein einfaches öffentliches Bethaus zugestanden wurde.

Besonders hart mag sie getroffen haben, dass sie ihre Toten nicht bei sich im Surbtal beerdigen durften. In beschwerlicher Fahrt führten sie die Leichen nach Koblenz und von dort auf eine verwilderte, von Hochwasser gefährdete Rheininsel. Erst um 1750 konnten sie in der Abgeschiedenheit des Talenbachs, zwischen Endingen und Lengnau, ein grosses Grundstück mit Feldgehölz und Wiese erwerben. In bald zweihundertfünfzig Jahren haben nun dort die langen Reihen der Grabsteine den mauerbewehrten Friedhof gefüllt. Bis zum Ende des 19. Jahrhunderts waren es schlichte Sandsteine, die sich teilweise erstaunlich gut erhalten haben. Später wurden Material und Form der Steine geändert und mehr der christlichen Art angepasst. Die ursprünglich rein hebräischen Grabinschriften wurden mehr und mehr in Deutsch verfasst. Jüdischem Brauch folgend, blieben die Gräber unangetastet. Zwischen den Grabreihen wuchsen Eichen und andere Laubhölzer. Daraus sind mittlerweile mächtige Bäume geworden. Zusammen mit den verwitterten Grabsteinen, den schmucklosen Fassungen und der sanft gewölbten Wiese bilden sie einen ungemein stimmungsvollen Ort der Ruhe, der Besinnung und der landschaftlichen Harmonie.

Da ruhen sie, die Bloch, Guggenheim, Dreifuss, Braunschweig, Bollag, Wyler, Gideon, Oppenheim, Weil…, und ihre Grabinschriften lassen einiges aus ihrem Leben nachempfinden. Der Ort ist im Denken der lebenden Juden fest verankert. Sie achten auf eine sanfte, einfühlsame Pflege. Von überall her kommen Angehörige und Nachkommen, um Zwiesprache mit ihren Ahnen zu halten. Im Zeichen der Verbundenheit legen sie kleine Steine auf das Grabmal. Beim Nordeingang sind jene Grabplatten aufgereiht, die nach Kriegsende von der Koblenzer Rheininsel an den «guten Ort» am Talenbach überführt wurden. Für die wenigen verbliebenen Surbtaler Juden braucht es heute die grossräumige Friedhofanlage nicht mehr. Trotzdem ist sie vor wenigen Jahren erweitert worden. In der ganzen Welt nämlich leben verstreut Tausende von Surbtaler Juden mit Endinger oder Lengnauer Bürgerbrief. Nicht wenige von ihnen wollen dort bestattet sein, wo ihre Vorfahren nach Jahrhunderten der Verfolgung eine Heimstatt gefunden haben und Schweizer Bürger wurden. Doch damit ist der Geschichte schon ein gutes Stück vorgegriffen. Der Weg zur rechtlichen Gleichstellung der Juden war lang und steinig. Von Grundbesitz und Handwerk ausgeschlossen, lebten sie zuweilen in bedrückender Armut oder, wenn es gut ging, in anspruchsloser Be-

Judenfriedhof zwischen Endingen und Lengnau aus dem Jahre 1750. Vorher mussten die Juden ihre Toten auf einer Rheininsel bei Koblenz beerdigen.

scheidenheit. Es waren eindrückliche Leistungen der opferbereiten Solidarität, als sie es schliesslich zu einem eigenen Friedhof und zu den Synagogen von Lengnau (1750) und Endingen (1764) brachten. Selbst der liberale Geist der Bundesverfassung von 1848 brachte für die Juden keine echte Besserstellung.

Die jüdischen Gemeinden des Surbtals hatten den Status einer selbständigen Korporation. Sie waren nicht nur für ihre religiösen Angelegenheiten zuständig, sondern auch für das Zivilstandswesen, die Sozialfürsorge und die Schulen. In der Mitte des 19. Jahrhunderts entstanden die beiden Schulhäuser, die heute noch zum Dorfbild gehören. Erhalten geblieben ist auch das ehemalige jüdische Badehaus bei der obern Surbbrücke von Endingen.

Im Jahr 1850 hatten die jüdischen Surbtalgemeinden mit gut tausendfünfhundert Angehörigen ihren Höchststand erreicht. In Endingen übertraf der jüdische Bevölkerungsanteil jenen der Christen. Vier Anläufe brauchte es, bis die Juden die völlige bürgerliche Gleichstellung erhielten. Was die Helvetik mit ihrem französischen Gedankengut zugestanden hatte, nahm der reaktionäre Kanton Aargau wieder weg. In der Bundesverfassung von 1848 scheiterten die zaghaften Emanzipationsansätze. Das aargauische Emanzipationsgesetz von 1862, vom späteren Bundesrat Emil Welti verfasst, scheiterte am revolutionären Widerstand des «Döttinger Komitees» und bewirkte eine eigentliche Staatskrise. Andere Stände hatten schon Jahre zuvor den Juden die Gleichberechtigung gewährt, und deshalb setzte zu Beginn der sechziger Jahre die Judenabwanderung aus dem Surbtal ein. Erst 1876 war der Prozess der vollen bürgerlichen Gleichstellung abgeschlossen. Aus den jüdischen Korporationen entstanden die beiden jüdischen Ortsbürgergemeinden Neu-Endingen und Neu-Lengnau. Die Schulen blieben getrennt, aber unterstanden einer gemeinsamen Schulpflege. Die Emanzipation war der Anfang vom Ende der jüdischen Surbtaltradition. Der Wohnsitz in den beiden Landgemeinden entsprach nicht mehr ihrer Interessenlage. Der Niedergang der Zurzacher Messen und der Aufstieg Zürichs zur Handelsmetropole beschleunigten die Abwanderung. Die Juden aus Endingen und Lengnau liessen sich vorwiegend in den Städten Baden, Zürich, Sankt Gallen, Luzern und Bern nieder. Oft bildeten sie den Kern für neue jüdische Gemeinschaften.

Schon vor 1900 mussten die beiden jüdischen Schulen wegen ihrer kleinen Klassenbestände aufgehoben werden. Die alten Klassenfotos aus der Jahrhundertwende zeigen jüdische und christliche Schulkinder in lockerer Mischung. Ältere Dorfbewohner glauben, vom Aussehen, von der Kleidung und der Haartracht her die Unterschiede der beiden Volksgruppen feststellen zu können.

Zweihundert Jahre lang mussten sich Christen und Juden auf engem Raum als Dorfbewohner im Alltagsleben aufeinander einstellen. Dieses unfreiwillige Zusammenleben entwickelte seine eigenen Formen. Es war sicher auch vom allgemein herrschenden Antisemitismus der christlichen Konfessionen und der hohen Politik geprägt. Anderseits liess das Zusammenleben auch eine leidlich funktionierende Zweckgemeinschaft mit vielen menschlichen Berührungspunkten entstehen. Von einer einzigen Ausnahme abgesehen, entwickelten sich Differenzen nie zum offenen Konflikt. Als die Juden die rechtliche Gleichstellung erreicht hatten, wurde ihnen als schwindender Minderheit stets Vertretungen in den Behörden und Kommissionen zugestanden. Sie nahmen auch teil am Vereinsleben und bekleideten dort Chargen. In ihrer Strenggläubigkeit aber machten sie keine Zugeständnisse. Der jüdische Glauben griff tief hinein ins Alltagsleben der überzeugten Religionsgemeinschaft. Der ganze Lebensrhythmus wurde dadurch bestimmt. Der «Schabbes» war ihnen heilig, und als beispielsweise eine kleinliche christliche Schulordnung die jüdischen Kinder zum Schulbesuch am Samstag zwang, setzten ihre Väter durch, dass sie von den schabbeswidrigen Schulpflichten dispensiert wurden. Die Juden griffen auch gern auf die Mithilfe ihrer christlichen Nachbarschaft zurück, um den eigenen Glaubensvorschriften ein Schnippchen zu schlagen. Das für den «Schabbes» verbotene «Lichtmachen» wurde einfach einem christlichen Mädchen der Umgebung übertragen. Hauptsache, der Buchstabe des Gesetzes blieb gewahrt.

Der jüdische Jahresablauf war durch mehrere religiöse Feste gekennzeichnet. Pessach fällt zeitlich mit dem christlichen Osterfest zusammen und feiert den Auszug aus Ägypten. An die hektische Aufbruchsstimmung erinnern die «Mazzen», ein fladenähnliches salzloses Gebäck, das einfach herzustellen und lange haltbar ist. Über die Pessachtage wurden anstelle des Brotes Mazzen gegessen. Und weil es eigentlich ein fröhliches Fest war, liess man daran auch die Christen teilhaben, die mit Mazzen beschenkt wurden. Zehn Tage nach dem Neujahrsfest wird das Versöhnungsfest Jom Kippur gefeiert. Diesen Tag verbrachten die Juden mit durchgehendem Fasten und langen Aufenthalten in der Synagoge. Höhepunkt aber war der «Sigges», das jüdische Laubhüttenfest. Es erinnerte an die Wüstenwanderung der Juden. Jede jüdische Familie hatte ihre Laubhütte ausserhalb des Hauses, und durch das Dach musste der Sternenhimmel sichtbar sein. Weil sich das achttägige Fest im Freien abspielte, wurde es vom ganzen Dorf wahrgenommen und mitgetragen. Wenn die Nachbarschaft gut war, wurden auch die «Gojim» (Christen) eingeladen. Jüdische Wohnquartierbildungen gab es nicht, obwohl einige Anläufe in dieser Richtung unternommen wurden. Die Judenhäuser verdichteten sich gegen das Dorfzentrum zu den Synagogen hin. Bis tief ins 19. Jahrhundert galt die Vorschrift, Juden und Christen dürften nicht unter einem Dach leben. Doch mit dem nicht ganz koscheren Ausweg der getrennten Hauseingänge fand man eine Lösung, die typisch für die gemischte Wohnweise war.

Die Surbtaljuden waren zwar strenggläubig, aber in der Ausübung ihrer Religion blieben sie klug zurückhaltend und vermieden jede fundamentalistische Provokation. So sehr sie auf gute Nachbarschaft zu den Christen achteten und deren Lebensweise ein Stück weit auch übernahmen, blieben sie in den zentralen Glaubensfragen kompromisslos. Es gab in der ganzen Geschichte keine christlich-jüdische Ehe. An diesem Tabu durfte nicht gerührt werden. Zwar erzählte man sich von heimlichen Liebesgeschichten über die Glaubensgrenze hinweg; zu einer Ehe aber kam es nie. Schwer wurde das gegenseitige Vertrauen durch jenen christlichen Händler erschüttert, der für die Juden das koschere (geschächtete) Fleisch aus dem Ausland liefern sollte. Stattdessen beschaffte er sich gewöhnliches Fleisch im Bezirk Baden und verkaufte es der jüdischen Surbtalbevölkerung. Als die Sache aufflog, brauchte es lange Reinigungsrituale, bis der Makel der Beschmutzung getilgt war. Wohl mehr aus Gedankenlosigkeit denn aus bösem Willen geschah eine Grabschändung am israelischen Judenfriedhof. Nach der grossen Überschwemmung des Jahres 1931 musste der Talenbach saniert werden. Bauarbeiter holten aus dem nahen Judenfriedhof alte Grabplatten und waren sich dabei des Unheils nicht bewusst, das sie damit anrichteten.

Die jüdischen Surbtalgemeinden waren schon sehr klein geworden, als der Nationalsozialismus sein antisemitisches Unwesen begann. Zu jenem Zeitpunkt funktionierten die beiden Gemeinden noch. Sie hatten ihre regelmässigen Gottesdienste, die von einem hauptamtlichen Kantor betreut wurden. Die Surbtaljuden hätten die Möglichkeit gehabt, sich vor dem Nationalsozialismus in Sicherheit zu bringen und nach den USA auszuwandern. Sie machten keinen Gebrauch davon. Sie waren eben Landjuden, die fest in ihrem Lebensraum verwurzelt waren. Dazu lebten sie wie viele ihrer Glaubensgenossen in der trügerischen Annahme und Hoffnung, alles könnte doch viel weniger schlimm sein und im Schutz der schweizerischen Neutralität würde der Kelch des Leidens an ihnen vorübergehen.

Nicht die gebührende Aufmerksamkeit fand über lange Zeit die höchst eigenartige und einmalige Sprache der Surbtaljuden. In oberflächlicher Pauschalisierung wurde sie als «Judendeutsch» abgetan. Erst die Forschungen des 20. Jahrhunderts haben auf wissenschaftlicher Basis die Zusammenhänge zum Jiddischen aufgezeigt. Es ist eine Mischsprache, zusammengesetzt aus Deutsch, Hebräisch und aus Elementen romanischer Sprachen. Das Surbtaler «Judendeutsch» ist ein westjiddischer Dialekt, der in der ländlichen Abgeschiedenheit eine ganz eigenständige und eigentümliche Ausformung annahm. Die verdiente jüdische Sprachforscherin Dr. Florence Guggenheim hat im letztmöglichen Zeitpunkt das Surbtal-Jiddisch aufgenommen und dokumentarisch festgehalten. Ihre Testpersonen sind mittlerweile alle gestorben. Eine weitere Besonderheit des Surbtaler Jiddisch war seine Ausstrahlung in die deutschsprachige Mundart der beiden Dörfer. Die Endinger und Lengnauer Christen erkannte man über lange Zeit hinweg an den vielen jiddischen und halbjiddischen Ausdrücken, mit denen sie ihre eigene Sprache durchsetzten. Mit der jüdischen Abwanderung allerdings hat sich der Surbtaler Dialekt wieder mehr und mehr auf seine ursprüngliche Form zurückgebildet. Nur noch wenige alte Leute haben die jüdischen Ausdrücke in ihrem Wortschatz bewahrt.

achle essen; houleche abhauen; beife trinken; koscher rein; betuched wohlhabend; Lafeje Beerdigung; Chassene Hochzeit; Masel Glück; chasere sauen; Mejes Geld; Choosen Bräutigam; Maloche Arbeit, Mühe; Chuppe Trauhimmel; meschuge verrückt; Daies Sorgen; minischume wirklich; fermasle zunichte machen; moule betrunken; Galach Pfarrer; ore beten; Ganef Dieb; Rebe Lehrer; Goulem Narr; Rejfech Gewinn; Gojim Christenmädchen; schoufel schlecht; Seg Kerl; Sejfel Mist; Sigge Haus, Hütte; Schigse billiges Mädchen; sassere den Preis hochtreiben

Auch die jüdische Küche war ein Stück Kulturgeschichte für sich. Sie unterschied sich sehr deutlich von der christlichen. Die Strenggläubigkeit der Juden beeinflusste das Alltagsleben bis tief hinein in die Essensgewohnheiten. Das oberste Gebot war die «Koscher»-Vorschrift. In dieser Gegend der deftigen Hausschlachtungen rührte sicher kein Jude jemals Schweinefleisch an, und das geniessbare Fleisch musste geschächtet sein. 1893 kam durch Volksabstimmung das Schächtverbot in die Bundesverfassung. Von da an mussten die Juden ihr Fleisch aus dem Ausland importieren. – Für die ärmlichen Verhältnisse eine zusätzliche harte Einschränkung. Gezwungenermassen musste die Ernährung sehr einfach sein. Der dürftige Speisezettel aber war nicht die Folge eines puritanischen Eifers, sondern ganz schlicht das Gebot der Stunde. Die Juden bemühten sich denn auch immer wieder, zu den hohen kirchlichen Festen im Rahmen der Möglichkeiten einen bescheidenen kulinarischen Höhepunkt zu setzen.

Jules Bloch, Vorsteher der jüdischen Gemeinde, in der Synagoge von Endingen.

Ruth Dreifuss mit Gemeindeammann Dr. Peter Schwaller. Der frischgewählten Bundesrätin war es ein Bedürfnis, den Ursprungsort ihrer Familie zu erleben.

# Die Bundesrätin auf Besuch

Am 31. Mai 1993 feierten die Endinger ein Jahrhundertfest. «Ihre» Bundesrätin Ruth Dreifuss kam auf Besuch. War das die Pflichtübung einer Magistratin, die zufällig zu den viertausend weltweit verstreuten Juden mit Endinger Heimatschein gehörte? Ruth Dreifuss' Vorfahren sind zwar schon im letzten Jahrhundert von Endingen weggewandert, aber die neue Bundesrätin war sich ihrer Herkunft stets bewusst, und sie hat die Beziehung zu ihrem Ursprung gepflegt, lange bevor die Endinger ihre mittlerweile berühmt gewordene Bürgerin zum Besuch einluden. So hatte sie auch von ihrem bevorstehenden Surbtalabstecher genaue Vorstellungen. Der Besuch im jüdischen Altersheim Lengnau gehörte ebenso zu ihrem Wunschprogramm wie ein Gang durch den eindrücklichen Friedhof zwischen Endingen und Lengnau. Dort stehen noch die verwitterten Grabsteine ihrer Vorfahren. Erst nach dieser Einstimmung bewegte sich der Besuchertross zur Synagoge Endingen und anschliessend im Festzug zur Mehrzweckhalle.

Die Lokalhistoriker waren zeitig vor dem grossen Anlass den Ursprüngen der Familie Dreifuss nachgegangen. Dabei stiessen sie auf eine typische Familiengeschichte des Surbtaler Judentums. Aus der Pfalz waren die Dreifuss als Opfer immer wiederkehrender Verfolgungen ins Surbtaler Ghetto verschlagen worden. In den beiden Judendörfern lebten sie mit vielen Einschränkungen, aber doch einigermassen sicher. Der Gemeinsinn muss gross gewesen sein, sonst hätten sie nicht eine eigene Schule führen und zwei stattliche Synagogen bauen können.

Der Grossvater von Ruth Dreifuss, Moses Hirsch Dreifuss, hatte bald nach der endlich verwirklichten eidgenössischen Judenemanzipation um 1880 Endingen verlassen. Er war zuerst nach Basel und dann nach St. Gallen gezogen, wo er vom Textilhandel lebte. Noch 1889 war er im Besitze seines Hauses in Endingen, eines Anbaus an dem Gasthaus «Rössli». In St. Gallen kam 1899 Siegfried Dreifuss, der Vater der Bundesrätin, zur Welt. Die Mutter, Johanna Henriette Picard, kam aus Boppelsen. Auch sie entstammte einem jüdischen Geschlecht aus dem Surbtal.

Ruth Dreifuss hat den Endinger Empfang in der Mehrzweckhalle sichtlich genossen. Die Erfahrungen eines Dorffestes mit Kinderprogrammen, wogenden Vereinsfahnen, einer Spezialkomposition der Dorfmusik sind ihr aus der bisherigen Karriere wenig vertraut gewesen. Mit spontaner Herzlichkeit ging sie auf die Leute zu und fand mit ungestelzten Worten auf Anhieb den Kontakt zur Bevölkerung.

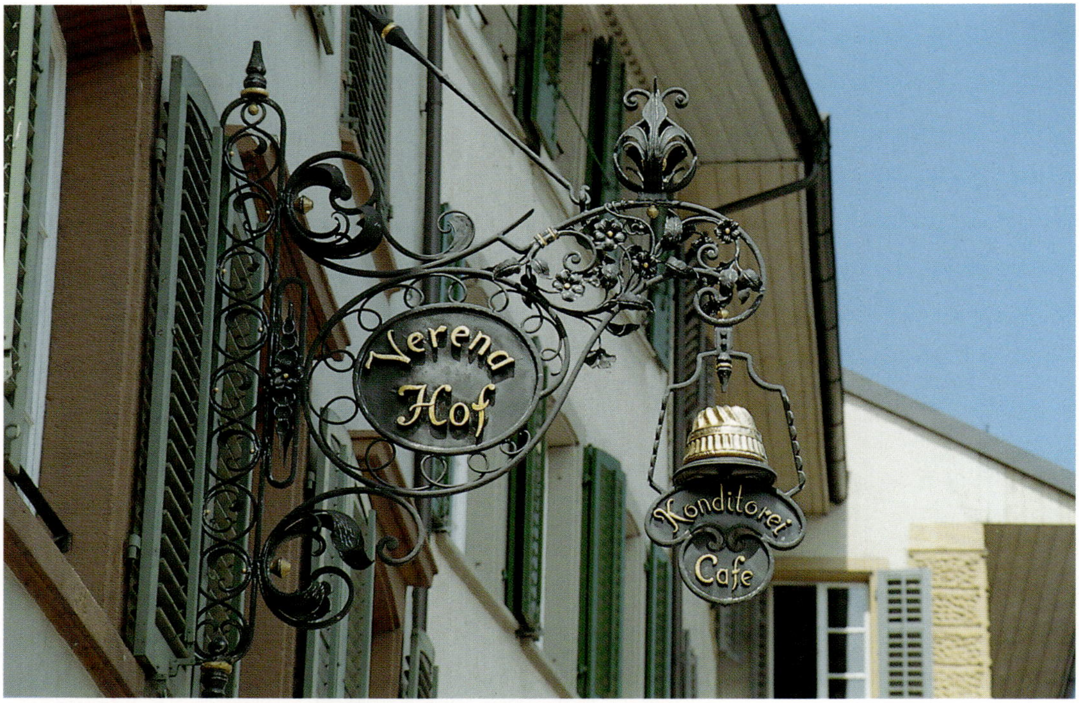
Verena
Hof
Konditorei
Cafe

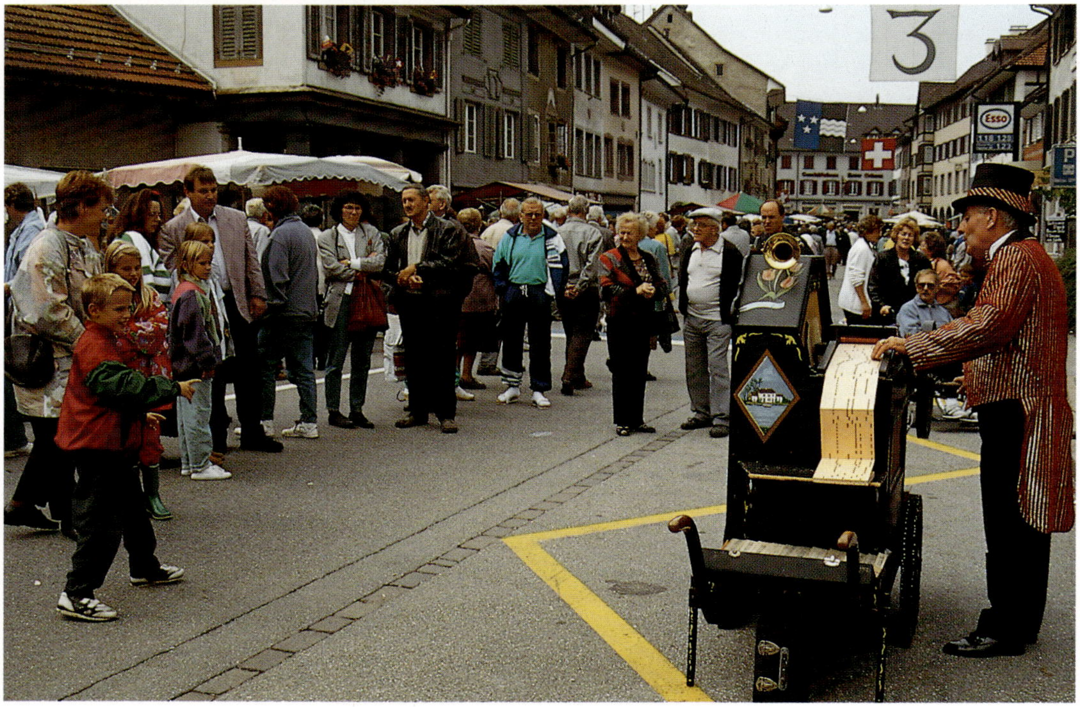
3
Esso

# Zurzach als geschichtlicher Sonderfall

Die Siedlungskontinuität des Ortes erstreckt sich über mehr als zweitausend Jahre. Ausserordentliche Wechselfälle der Geschichte haben ausserordentliche Entwicklungen bewirkt. Die keltische Besiedlung ging nahtlos in die Römerzeit über. Der Brückenbau über den Rhein mit den ergänzenden Kastellsicherungen gab dem Ort Auftrieb und Bedeutung. Dass hier eine wohltätige, fromme römische Marketenderin als frühchristliche Heilige wirkte und zum Anlass eines blühenden Wallfahrtskultes wurde, gehört zu den seltenen Wechselfällen der Geschichte.

Die Wallfahrt schuf die Grundlage für die Zurzacher Messen, die mit ihrem Einzugsbereich weit über die Wallfahrtsgrenzen hinaus griffen. Die mittelalterliche Mobilität war so gering, dass man sie ihrer Mühseligkeit wegen gerne doppelt nutzte, für die Wallfahrt und für die Messe. Mit dem Rhein und der Aare hatte Zurzach zudem in seiner unmittelbaren Umgebung die schnellsten und bestmöglichen Transportwege.

So lebten die Zurzacher dank günstiger Umstände und ohne grosses eigenes Verdienst gut und selbstzufrieden. Über Jahrhunderte änderte sich nichts am existenzsichernden Messe- und Wallfahrtsgeschehen. Nach den kurzen Turbulenzen der Reformation arrangierte man sich als konfessionell gemischte Gemeinde. Stiftskirche und reformierte Predigerkirche standen sich auf kürzester Distanz gegenüber und trugen nur noch mit unabgestimmten Glockengeläuten ihren Glaubenshader aus. Die Stiftsherren in der Propstei pflegten einen messegerechten Lebensstil und gebärdeten sich oft so geschäftstüchtig, dass sie den Katholiken genauso auf die Nerven gingen wie den Reformierten.

Ohne grosses eigenes Zutun wurde Zurzach 1803 trotz seiner abseitigen Lage Bezirkshauptort. Die Konkurrenz des viel zentraler gelegenen Städtchens Klingnau hatte keine Chance. Zurzachs politisches und wirtschaftliches Übergewicht gab den Ausschlag. Was 1803 noch so einleuchtend war, hätte ein halbes Jahrhundert später sehr wohl anders ausgehen können. Da standen die Zurzacher nämlich ohne Messe und Wallfahrt da; die Armut grassierte, die Bevölkerung wanderte ab. Während im Aaretal mit der Bahnerschliessung der Grundstein zum wirtschaftlichen Aufschwung gelegt wurde, erlebten die Zurzacher den grossen Niedergang. Sie hatten nie gelernt, ihr Schicksal tatkräftig in die eigenen Hände zu nehmen. Zwar sind aus Zurzach immer wieder Persönlichkeiten hervorgegangen, die auf kantonaler und eidgenössischer Ebene grosse Karrieren machten. Aber ihre Pioniertätigkeit entfaltete sich immer ausserhalb des Fleckens. Möglicherweise empfanden sie sich als die ungeliebten Propheten im eigenen Land.

Bezeichnend die Situation des Jahres 1876, als mit wackerer Mithilfe des Zurzacher Bundesrats Emil Welti und des Zurzacher Regie-

Oben: Vieles in Zurzach erinnert an die heilige Verena, denn ihr Andenken ist auch nach 1650 Jahren noch lebendig.
Unten: Drehörgelitreffen im alten Flecken. Der Kurbetrieb hat viele Attraktionen in den Ort gebracht.

rungsrats Josef Frey die Eisenbahnlinie Koblenz–Winterthur gebaut wurde und Zurzach damit den Anschluss an das Bahnnetz erhielt. Zur erhofften Industrialisierung aber kam es vorerst nicht, weil weder die Behörden noch irgendwelche Private den Einstieg wagten. Erst als der Ostschweizer Jakob Zuberbühler nach Zurzach kam und in patriarchalisch-autoritärem Stil seine Textilwerke zur Blüte brachte, waren die Einheimischen bereit, aus ihrer Reserve herauszutreten. Zupackende Unternehmungsgesinnung war nicht ihre Art. Sie liessen sich auch nicht vom Pioniergeist eines Cornelius Vögeli anstecken, der aus seiner unverzagten Suche nach den Rheintalbodenschätzen auf Salz und Thermalwasser gestossen war. Die Zurzacher vergaben das Mitspracherecht bei der Soleausbeutung, und sie stellten auch keine grossen Überlegungen an, als 1913 westlich des Fleckens die Thermalquelle erbohrt wurde. Weil der Sinn nach Salz und Kohle stand, schüttete man die Quelle mit dem Heilwasser einfach wieder zu.

So haben die Zurzacher für das frühe Industriezeitalter keine grossartige Bilanz vorzuzeigen. Die wenigen Impulse kamen von auswärts, und sie fielen bei den Einheimischen auf steinigen Boden. Es muss wohl angenommen werden, dass Messe und Wallfahrt die Zurzacher nicht initiativ gemacht haben. Es lebte sich trotzdem gut im Flecken. Dynamische Zuzüger holten die Alteingesessenen aus ihrer Zaghaftigkeit heraus. Der Reichtum an Bodenschätzen trug das Seine zum Wohlstand bei.

Die Soleausbeutung und die ergiebigen Kalksteinbrüche liessen gerade noch vor Kriegsbeginn 1914 im Oberfeld die für damalige Verhältnisse mächtige Schweizerische Sodafabrik entstehen. Sie bewahrte Zurzach und die Region im richtigen Augenblick vor einer schweren Wirtschaftskrise, denn das Textilunternehmen Zuberbühler befand sich in Auflösung. Die Schliessung der Grenze während des Zweiten Weltkrieges liess die Zurzacher auf schmerzliche Weise sich ihrer abseitigen Lage bewusst werden. Die Perspektiven der fünfziger Jahre waren nicht rosig. Während sich ringsum ein bescheidenes Wirtschaftswunder anbahnte, döste der Flecken vor sich hin. Die Bautätigkeit beschränkte sich im wesentlichen auf dringend notwendige Unterhaltsarbeiten. Doch die Untätigkeit erwies sich in mancher Hinsicht als Segen. Das geschichtlich gewachsene Ortsbild blieb von jenen Eingriffen verschont, die andernorts im Zeichen eines fragwürdigen Fortschritts die Moderne ankündigten.

Und wieder kam den Zurzachern das Glück zu Hilfe. Am 5. September 1955 verkündeten die Kirchenglocken die Erbohrung der Thermalquelle. Aus vierhundertdreissig Metern Tiefe strömte achtunddreissiggrädiges Heilwasser in verschwenderischer Fülle an die Oberfläche. Doch der Freude folgte die Ratlosigkeit. Was sollte mit dem Segen geschehen? Etliche Jahre der Kontroversen und der Zerwürfnisse mussten durchgestanden werden, bis sich eine vertretbare Kurortlinie durchsetzte. Und die Gemeinde? Sie stellte zwar den Erbohrungsfonds zur Verfügung, vermied es aber in ängstlicher Kleinmütigkeit, sich unternehmerisch am Werk zu beteiligen. Damit blieb sie trotz Einsatz eigener Mittel von der unmittelbaren Beteiligung ausgeschlossen, und so ist es bis heute geblieben.

Auf dem Weg zum Kurort hat sich der Flecken in der Zwischenzeit noch oft schwer getan. Es brauchte viele Jahre, bis die wirtschaftliche Bedeutung der Quelle mit ihrem kurörtlichen und medizinischen Umfeld erkannt und anerkannt wurde. Und immer wieder gab es auch Reaktionen der Abwehr gegen diesen lebenswichtig gewordenen Wirtschaftszweig, der mit seiner Dynamik die vermeintliche Idylle des Unter-sich-Seins störte.

Blick aus der Höhe des Turmhotels auf den Kurpark und das alte Zurzach.

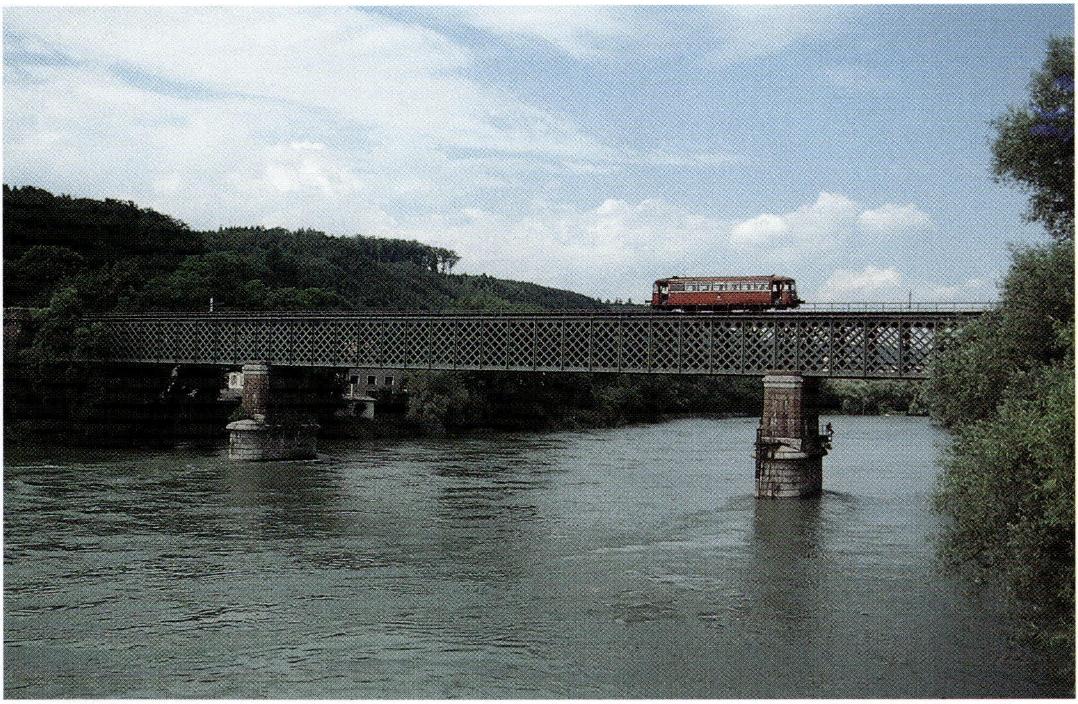

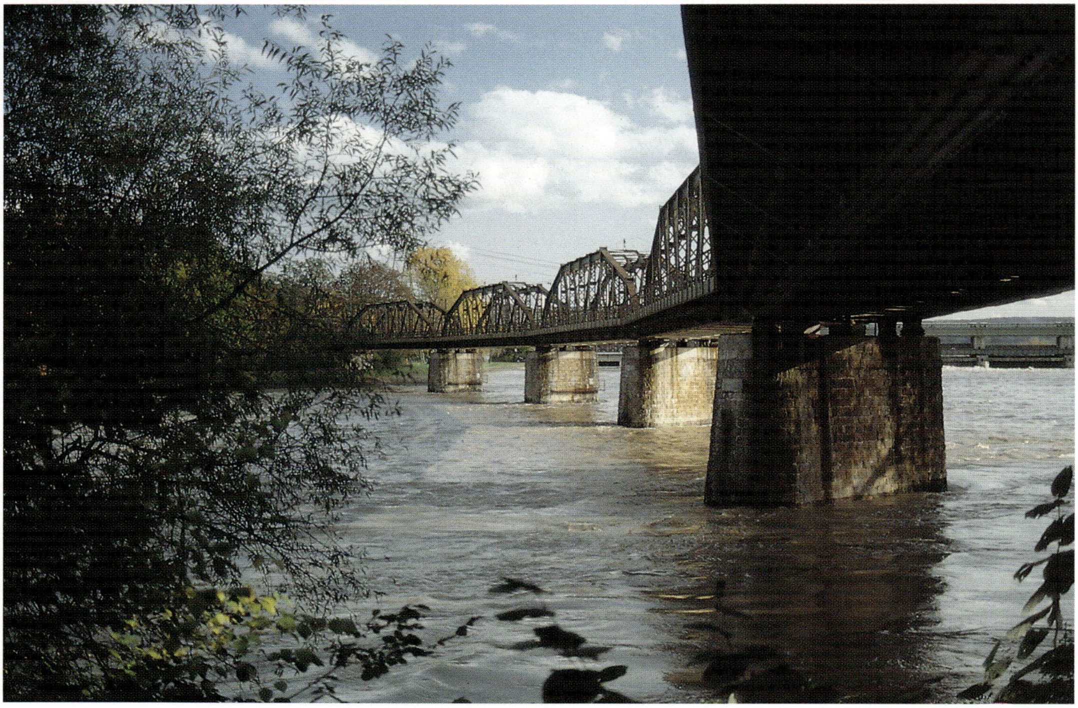

# Eisenbahn – von der Pionierzeit ins Abseits

Wer hielte es heute für möglich, dass in diesem Bezirk einmal wichtige Eisenbahngeschichte geschrieben wurde? Als am 16. August 1859 der erste Zug von Zürich über Baden nach Turgi, Koblenz und Waldshut fuhr, war dies eine der längsten Eisenbahnstrecken der Schweiz, dazu noch die erste internationale. Die Bahn fuhr im Bezirk Zurzach durch ein wirtschaftliches Brachland. Die Strecke war gesäumt mit armseligen Dörfern, und das Städtchen Klingnau hob sich davon auch nicht ab. Der kühne Brückenschlag über den Rhein bei Koblenz prangte als einsames technisches Wunderwerk in der Stromlandschaft. Den Ausschlag für diese ausserordentliche Streckenwahl gaben in erster Linie die Schwierigkeiten einer Direktverbindung Zürich-Basel durch den Bözberg. Das Problem war aber nicht nur topografisch-geologischer Art. Die Eifersüchteleien der beiden Städte und der rivalisierenden Eisenbahngesellschaften fielen mindestens ebensosehr ins Gewicht. Basel war vom Elsass und von Mannheim her bereits mit der Bahn erreichbar. Aber über die Verbindung der beiden städtischen Bahnhöfe und über die Weiterführung der Bahnlinie ins schweizerische Hinterland herrschte Ungewissheit.

Oben: Der alte Schienenbus auf der Fahrt von Koblenz nach Waldshut. Dieses Bauwerk war der erste schweizerische Eisenbahn-Brückenschlag über den Rhein.
Unten: Die schwungvolle Eisenbahnbrücke über den Unterlauf der Aare. Traurige Tatsache: Zu ihrem hundertjährigen Bestehen ist der Personenverkehr auf dieser Linie eingestellt worden.

Da kam die Eisenbahndynamik von Zürich Richtung Waldshut gerade recht. Nicht die Erschliessung des unteren Aaretals gab den Ausschlag für die rasche Realisierung. Der Waldshuter Anschluss gewährleistete die Verbindung mit der schon bestehenden badischen Linie nach Mannheim. Zusätzlich existierte auch schon ein Projekt durch das Wutachtal Richtung Stuttgart. Die Aaretallinie hätte sehr wohl zur grossen internationalen Eisenbahnverbindung ins Deutsche Reich werden können. Dass das nicht einfach Wunschdenken war, belegt die Tatsache, dass der Landerwerb und die Trasseegestaltung auf eine Doppelspur ausgelegt wurden. Bis 1875 führte die Bahnverbindung Zürich-Basel über Baden und Waldshut. Doch dann kamen die Bözberg- und die Hauensteinlinie dazu, und Turgi-Waldshut verlor an Bedeutung. Das 1871 gegründete Deutsche Reich setzte neue Prioritäten. Die badische Hochrheinlinie wurde zur Lokalbahn; das Wutachprojekt mit seinen kühnen Kehrtunnels wurde zwar noch gebaut, aber aus rein militärisch-strategischen Überlegungen. In Friedenszeiten war dies eine unbedeutende Nebenlinie.

Trotz der Rückschläge kam das Rheintalprojekt doch noch zur Ausführung. 1876 konnte das Teilstück Koblenz-Zurzach-Winterthur eingeweiht werden. Es sollte den Zurzachern aus ihrer Misere heraushelfen, in der sie sich seit der Aufhebung der Messe befanden. Die Zurzacher hatten sich auf die tatkräftige Mithilfe zweier namhafter Politiker des Fleckens verlassen können. In Aarau setzte sich der Zurzacher Regierungsrat Josef Frey für die Verwirklichung ein, und in Bern sprach Bundesrat Emil Welti als eidgenössischer Eisenbahnminister ein gewichtiges Wort.

Nach 1871 blieb schliesslich noch die Lücke von Koblenz bis Stein. Die Nordostbahn hatte sich die Konzession für diesen Abschnitt gesichert. Aber wie andere Gesellschaften kam auch sie in finanzielle Schwierigkeiten und musste in den achtziger Jahren um ein Moratorium nachsuchen. Die Ausführung des Werkes wurde auf 1888 verschoben. Dann aber ging alles sehr schnell. In dreijähriger Bauzeit wurden die 26,7 Kilometer samt Bahnstationen und Haltestellen gebaut. Die grösste Herausforderung war die 236 Meter lange Felsenauer Brücke. Sie wurde in fünf markante Metallkonstruktionen unterteilt. Die Fundation an den beiden Ufern und die vier Pfeiler im damals noch ungebändigten Aarelauf erwiesen sich als sehr anspruchsvolle technische Probleme. Aber allen technischen und witterungsbedingten Schwierigkeiten zum Trotz kam das Bauwerk termingerecht 1892 unter Dach und Fach. Damit war der Anschluss von Basel über Winterthur an die Ostschweiz perfekt. Kühne Erwartungen verbanden sich mit dieser Linie. Man sah sie bereits als wichtige West-Ost-Transversale, auf der einmal die Orientzüge rollen könnten. Daraus wurde nichts. Die wirtschaftliche Belebung des Abschnittes Stein–Laufenburg blieb trotz Eisenbahn sehr bescheiden. Die Bahn wuchs nie über regionale Bedeutung hinaus.

Zwar erfüllte die Eisenbahnerschliessung die Hoffnungen der Talschaften nicht. Aber sie hat doch mindestens zum wirtschaftlichen Aufschwung des Aaretals beigetragen. Es besteht ein enger Zusammenhang zwischen dem Eisenbahnbau und den Zementfabriken von Siggenthal und Rekingen. Das dichte Netz von Kraftwerken wäre ohne die Eisenbahn nicht zu bewältigen gewesen. Auch die Holzindustrie im Aaretal war für den Transport ihrer Rohstoffe und der Fertigprodukte immer auf die Bahn angewiesen. Es ist denn auch der Bahnabschnitt Turgi–Koblenz, der allen Fährnissen der Zeit unangefochten standgehalten hat. Mit seinen beachtlichen Frequenzzahlen kann er heute ein attraktives Transportangebot machen. Die Kriegswirren setzten dem Grenzverkehr hart zu. Zwar wurden zwischen 1941 und 1945 die Aaretal- und Rheintallinie (mit Ausnahme des Waldshuter Abschnitts) elektrifiziert. Aber die Verbindung über die Koblenzer Brücke ins deutsche Nachbarland sank zur Bedeutungslosigkeit herab.

Der lokale Bahnalltag der Gegenwart stimmt skeptisch. Der Anschluss nach Waldshut existiert praktisch nicht mehr. Das erscheint mehr als paradox, wenn man die elftausend deutschen Grenzgänger in Betracht zieht, die täglich mit ihren Autos die überlasteten Zollstellen und Kantonsstrassen befahren. Bestrebungen sind jetzt im Gang, an der Koblenzer Eisenbahnbrücke die notwendigen Verstärkungen vorzunehmen und die Züge aus dem Landkreis Waldshut in die Regionen Baden und Zürich zu führen, möglicherweise sogar mit Anschluss an den Zürcher S-Bahnverbund.

Der böse Zufall wollte es, dass mit dem Jubiläum zum hundertjährigen Bestehen der Bahnlinie Koblenz–Stein zugleich auch ihr Ende eingeläutet wurde. Die SBB berufen sich auf ihren Leistungsauftrag, und an diesen Kriterien gemessen, kann der Rheinabschnitt nicht mehr mithalten. Die Betroffenen werden zwar den Verdacht nicht los, dass durch schlechte Fahrplangestaltung den Zahlen nachgeholfen worden ist. So wird sich schliesslich von den kühnen regionalen Eisenbahnbauten der Gründerzeit nur die erste Linie Baden–Turgi–Koblenz–Waldshut mit Sicherheit halten können.

# Wandel eines Jahrhunderts – Beispiel Koblenz

Der Bezirk Zurzach galt noch zu Ende des 19. Jahrhunderts als Armenhaus des Kantons. Die herkömmlichen Strukturen waren ohnehin schwach, und die Krise in der Landwirtschaft mit den sinkenden Produktepreisen schlug sich in den bäuerlichen Kleinbetrieben verheerend nieder. Die beiden Eisenbahnlinien im Rhein- und Aaretal hatten die erhoffte Industrialisierung nicht gebracht. Noch um 1900 konnte die gesamte Industrie des Bezirks nicht einmal fünfhundert Arbeitsplätze anbieten. Kein Wunder also, wenn Ab- und Auswanderung sich als einzige Alternative zur dürftigen Existenz in der eigenen Talschaft anboten.

Koblenz wurde – was verwundern mag – von der Krise noch stärker als die umliegenden Gemeinden betroffen. Der Kreuzungspunkt der beiden Eisenbahnlinien bekam die neue Verkehrserrungenschaft vorerst einmal als Nachteil zu spüren. Die Eisenbahn bedeutete das Ende der Zurzacher Messe und die Aufhebung der Flussschiffahrt. Zu Ende ging damit auch der einträgliche Warentransport durch die Stromschnellen des Laufens, für den die Koblenzer Schifferzunft der «Stüdeler» das Monopol besass. Der Fährbetrieb über den Rhein blieb zwar bestehen, aber er litt unter der Konkurrenz der Eisenbahn. Und nicht genug damit: Der Kraftwerkbau und die Flussverbauungen verringerten die Fischbestände derart, dass die für Koblenz nicht unbedeutende Berufsfischerei mehr und mehr verschwand.

Die Eisenbahn spielte sich als regionales Verkehrsmittel gut ein. Sie verstärkte die Verbindung über den Rhein in die badische Nachbarschaft. Die Bahnangestellten liessen sich in Koblenz nieder und wurden zu einem bedeutenden Bevölkerungsanteil. Doch der Ausstieg aus der Talsohle der Armut liess auf sich warten. Es fehlten die immer wieder geforderten Strassenanschlüsse über den Rhein und die Aaremündung. Alle Vorstösse verliefen im Sand, und wenn sich ein guter Ausgang abzuzeichnen begann, kam die politische oder wirtschaftliche Grosswetterlage in die Quere. Erst in den dreissiger Jahren kamen die Projekte zur Ausführung. Eine solide Bogenbrücke löste den Fährbetrieb über den Rhein ab. Im November 1932 wurde überschwänglich das «völkerverbindende Bauwerk» eingeweiht. Doch schon wenige Wochen später ging am deutschen Zoll die Hakenkreuzfahne hoch. Von da an war die «Völkerverbindung» für die zwölf folgenden Jahre gestört. Der Schwung des Rheinbrückenschlags schien ansteckend zu wirken. Gut drei Jahre später war auch die Aarebrücke nach Felsenau vollendet. Damit war Koblenz zur Verkehrsdrehscheibe geworden. Die positiven Folgen blieben nicht aus. Trotz wirtschaftlich schwieriger Zeiten kam die Gemeinde in den Vorkriegsjahren gut voran. Während des eigentlichen Krieges wurde die exponierte Lage schmerzlich spürbar, aber in den fünfziger Jahren setzte sich die Aufwärtsbewegung mit zunehmender Beschleunigung fort. Die Koblenzer Wachstumskurven lagen deutlich über dem Bezirksdurchschnitt.

Der Eisenbahnverkehr florierte. Die zunehmende private Motorisierung machte sich die

Rheintalachse und die Nord-Süd-Verbindung über die Koblenzer Brücke zunutze. Die Verkehrsdichte blieb noch für viele Jahre im Rahmen des Erträglichen und Wünschbaren. Die Industrie wuchs aus ihren kleinbetrieblichen Verhältnissen heraus und bot schliesslich im eigenen Ort Arbeitsplätze in einer Zahl an, die der Hälfte der Einwohner entsprach. Die Baugebiete dehnten sich in verschiedenen Etappen weit über die Ortsgrenze hinaus. Die Neuquartiere südlich der Bahnlinie waren bald einmal viel grösser als das ursprüngliche Dorf. Selbst der Bereich der öffentlichen Bauten mit Verwaltung, Schule und Kirche wurde «ausgesiedelt». Dank der allgemein guten Wirtschaftslage konnte in wenigen Jahren die gesamte Infrastruktur der Gemeinde auf den neuesten Stand gebracht werden. Die Einwohnerzahl hatte sich innerhalb eines Jahrhunderts verdreifacht.

Der damaligen Wachstumseuphorie ist inzwischen eine Phase der Beruhigung gefolgt. Etliche Vorzeigekurven weisen nicht mehr nach oben, und jene, die immer noch Aufwärtstrend haben, sind die falschen. So ist der Strassenverkehr mittlerweile zur Plage geworden. Der Gemeinde ist es zwar gelungen, die Ortsumfahrung des alten Dorfteils mit gleichzeitiger Hochwassersicherung zu erstellen. Für den alltäglichen langen Stau vor der Rheinbrücke aber steht weit und breit keine Lösung in Aussicht. Anderseits hat der SBB-Bahnhof wegen Abbaumassnahmen im Gütertransport und wegen der allgemeinen Vernachlässigung der Regionallinien einiges von seiner einstigen Bedeutung eingebüsst. Beim neuesten Stand der Dinge drohen mit der teilweisen Stillegung von Abschnitten der Rheintallinie weitere Einbussen. Zum Glück gibt es als unangefochtenes Kernstück noch die Linie Turgi–Koblenz. Sie könnte für den SBB-Knotenpunkt Koblenz zum Ansatz eines neuen Aufschwungs werden. Dann nämlich, wenn es gelingt, den Anschluss nach Waldshut wieder zu beleben und die grenzübergreifenden Möglichkeiten vermehrt zu nutzen.

# Es führen Wege und Strassen...

Den ersten grösseren Verkehrsweg hatten die Römer in die Landschaft gelegt. Er führte vom Legionslager Windisch über das Ruckfeld nach Tegerfelden und weiter über den Berg zum Rheinübergang Zurzach und verband damit den helvetischen mit dem germanischen Teil des Imperiums. Dieses Strassenstück hat sich in seiner Linienführung durch das Mittelalter bis zur Gegenwart ohne wesentliche Abweichungen erhalten. Die «Carte Topographique de la Grande Route de Berne à Zurich et Zurzach» von 1787 zeigt von Stilli bis Zurzach ein Trassee, das sich in der landschaftlichen Einpassung nur unwesentlich vom römischen unterscheidet.

Abgesehen von diesem für die Zurzacher Messe bedeutenden Wegstück blieben die Strassenverbindungen bis in die Neuzeit sehr dürftig. Mit Aare und Rhein boten sich für den Waren- und Menschentransport zwei wichtige und dementsprechend stark befahrene Wasserstrassen an. Die geringe Besiedlung und – sieht man von den Zurzacher Messen ab – die wirtschaftliche Bedeutungslosigkeit setzten dem Strassenbau enge Grenzen. Neben der Verbindung Brugg-Tegerfelden-Zurzach erlangte nur noch die Strecke Baden-Tiefenwaag-Belchen-Kaiserstuhl überregionale Bedeutung. Alles andere blieb kümmerliche Ortsverbindung und Flurerschliessung. Bei den geringen technischen Möglichkeiten fielen auch die Geländeschwierigkeiten ins Gewicht. Den Nachfahren mochte es beispielsweise sonderbar erscheinen, dass die Surbtalstrasse einen langen Umweg über das Schladholz nahm und dann den Hängen der rechten Talseite bis hinunter nach Döttingen folgte. Diese umständliche Führung wurde weitgehend durch die Versumpfung der Talsohle aufgezwungen.

Erst mit dem Anbruch des Eisenbahnzeitalters und dem Ende der Flussschiffahrt kam auch Bewegung in den Strassenbau. Die lokalen Wegabschnitte fügten sich zum Landstrassennetz der Jahrhundertwende. Es waren staubige, enge Strassen, aber doch schon mit einem soliden Unterbau. Stahlkonstruktionen eröffneten neue Möglichkeiten des Brückenbaus. Die Fährbetriebe von Zurzach, Koblenz und Stilli wurden durch moderne Brücken ersetzt. Dazu kamen die Aareübergänge von Felsenau und Kleindöttingen.

Eisenbahn und Strassen waren Symbole der Aufgeschlossenheit, Voraussetzungen für wirtschaftliches Fortkommen. Sie waren sehr erwünscht, und jede Fertigstellung wurde als Errungenschaft gefeiert. Erst in dieser Zeit erfuhren das untere Aaretal und das Rheintal die überregionale Strassenerschliessung. Die Motorisierung blieb noch gering, so dass der Ausbaustandard sehr bescheiden gehalten werden konnte. Immerhin gab es schon in der Zwischenkriegszeit erhebliche lokale Verbesserungen mit Begradigungen, etwa mit den ersten Umfahrungen von Rekingen und Rümikon und mit der Aufhebung von Niveauübergängen bei der Eisenbahn.

Als Sonderfall ging die Surbtalstrasse in die Verkehrsgeschichte ein. Sie war der Talschaft versprochen worden, nachdem der Bund aus dem schon beschlossenen und grobbereinigten Bahnprojekt ausgestiegen war. In der

Wirtschaftskrise der dreissiger Jahre kam das Vorhaben als Arbeitsbeschaffungsprogramm auf die Ausführungsliste. Den Gemeinden schien das Werk so dringend, dass sie dafür massive Einbussen ihrer Ortsbilder in Kauf nahmen. So wurde in Endingen der geschlossene Ortskern um die Marktgasse regelrecht aufgerissen, und in das langgezogene Strassendorf Tegerfelden wurde ein harter Viaduktriegel gesetzt. Die Ausführung des Vorhabens zog sich allerdings über viele Jahre dahin, weil der Zweite Weltkrieg dazwischen kam.

Auch die Nachkriegszeit war von der Sorge geprägt, den automobilistischen Anschluss nicht zu verpassen. Die kühnen Vorstellungen von Schnellstrassen im Aare- und im Rheintal fielen auf guten Boden und wurden von den Behörden gefördert. Sie hätten auch die Umfahrungen von Döttingen-Klingnau und von Zurzach gebracht. In den sechziger Jahren wurden auch erstmals die Kehrseiten des wachsenden Strassenverkehrs spürbar. Vor allem in den schützenswerten alten Ortskernen von Klingnau und Zurzach mehrten sich die Alarmzeichen. Der ehemals so abgelegene Bezirk mauserte sich mehr und mehr zum verkehrsgeplagten Durchgangsland. Auf der Rheintalstrasse rollte der Schwerverkehr vom Basler Rheinhafen in die Ostschweiz. Immer mehr deutsche Arbeitskräfte kamen als Pendler in die Ballungsgebiete von Baden und Zürich. In der umgekehrten Richtung entwickelte sich der Einkaufs- und Erholungstourismus. Der wachsende Grenzverkehr kanalisierte sich im Aaretal und lief beim Nadelöhr des Koblenzer Rheinübergangs auf. Die Umfahrung Döttingen–Klingnau – schon seit Jahrzehnten im Gespräch – wurde zur unausweichlichen Notwendigkeit. Sie zwang die beteiligten Gemeinden, lokale Differenzen zu bereinigen und sich zu einem Kompromiss zusammenzuraufen. Allerdings kamen ihnen die Zurzacher noch zuvor. Mit einem breit abgestützten Tunnelprojekt bewog der Bezirkshauptort den Kanton zum Handeln und brachte so den Durchgangsverkehr der Rheintalstrasse aus dem Flecken hinaus.

Die neuesten Bestandesaufnahmen zur Strassenverkehrssituation sind ernüchternd. Kaum eine Gemeinde, die davon nicht negativ betroffen ist. Die Sanierungen bringen nicht die erhofften Erfolge, weil die immer noch zunehmende Motorisierung die Entlastungen «auffrisst» und weil das Umsteigen aufs Fahrrad oder den öffentlichen Verkehr nur in Ansätzen erfolgt.

Der fast vergessene, ehemals wichtige Wegweiser im Schladholz bei Lengnau. Hier führte bis 1950 die Surbtalstrasse vorbei.

Ob.Ehrendingen 2,2 km.
Baden 6,3 km.
Brugg 16,3 km.
Mellingen 14,3 km.
Schneisingen 1,1 km.
Siglistorf
Nd.Weningen Stat. 1,0 km.
Dielsdorf 8,8 km.
Zürich 24,0 km.

# Flussschiffahrt – eine umstrittene Chance zum Anschluss an die grosse Welt

Die schlechten Wirtschaftszeiten prägen sich tief im Volksbewusstsein ein. Die beiden Weltkriege verstärkten die Ängste. Den Wohlstand hatte man zu lange entbehrt, als dass er nicht im Denken der Leute eine wichtige Rolle spielte. Das wurde immer dann wieder spürbar, wenn in diesem Bezirk Anlagen angesiedelt werden sollten, die wegen ihrer schwerwiegenden Kehrseiten anderorts auf Widerstand stiessen. So war es bei den Flusskraftwerken, und ganz besonders auch beim Grossprojekt der Binnenschiffahrt, die gewaltige Eingriffe in die Flusslandschaft des untern Aaretals gebracht hätte.

1964 schrieb ein prominenter Lokalpolitiker: «In der kommenden über Basel hinaus zu verlängernden Güterschiffahrt wird der Bezirk Zurzach eine Schlüsselstellung einnehmen. Hier liegt der Zusammenfluss der hiefür vorgesehenen Flüsse Aare und Hochrhein. Bei Koblenz werden sich dereinst die über Klingnau westwärts auf der Aare fahrenden Güterschiffe von jenen Frachtkähnen trennen, die über den Hochrhein die Ostschweiz erreichen und den Österreichern den Anschluss an die westlichen Weltmeere bringen sollen.»

Auch auf deutscher Seite hatte das Projekt der Aare-Hochrhein-Schiffahrt einen realistischen Hintergrund. Die süddeutschen Binnenschiffahrtswege auf Main und Neckar waren schon gebaut, der Anschluss an die Donau erschien in Griffnähe. Die Schiffahrt Basel–Bodensee und der westliche Anschluss durch das schweizerische Mittelland an die Rhone schienen sinnvolle Ergänzungen. An der Drehscheibe, am Zusammenfluss von Aare und Rhein, hätte der Hafen von Klingnau eine dominante Schlüsselstellung bekommen. Vorgesehen war dafür die Ebene zwischen Gippingen und Kleindöttingen. Es gab lokale Stimmen genug, die sich voll zum Projekt bekannten und davon grosse Vorteile für den Bezirk erhofften. Eine Studie listete die Vorteile auf: Rundholzimport für die Holzindustrie im Aaretal, Kohlenbezüge aus dem Ruhrgebiet, Erdölbezüge aus der Neuenburger Raffinerie von Cressier und aus dem Elsass, Exporte der regionalen Maschinen- und Stahlindustrie, Transport von Zement und Kies, Förderung des Ausflugsverkehrs ins schweizerische Mittelland und in die Bodenseegegend und schliesslich ganz allgemein eine Weitung des Horizonts durch direkte Kontakte zur Nordsee und zum Mittelmeer.

Der Bundesrat liess sich vom Enthusiasmus der Schiffahrts-Interessengruppen nicht anstecken. Zwar behielt er sich die Möglichkeit einer Schiffbarmachung noch offen, indem bei allen neuen Bauwerken am Rhein und an der Aare die Möglichkeit einer künftigen Schiffahrt zu berücksichtigen war. Die Pro-Schiffahrt-Bewegung erhielt dann einen gehörigen Dämpfer. Der Bau des Koblenzer Rheinkraftwerks wurde abgebrochen. Es hätte die letzte noch notwendige Staustufe für die Hochrheinschiffahrt gebracht. Um die Binnenschiffahrt wurde es dann zusehends stiller. Die Euphorie des unaufhaltsamen wirtschaftlichen Wachstums wurde von der ersten Rezession eingeholt. Die hohe Schweizer Politik ging zusehends auf Distanz und liess das Thema schliesslich ganz fallen.

# Wasserkraft vom Wassertor

Rhein und Aare haben die Landschaft und die Geschichte des Bezirks Zurzach massgebend mitgeprägt. Es sind Flüsse mit starker Wasserführung, gut fünfhundert Kubikmeter pro Sekunde für die Aare, etwas weniger für den Rhein. Das sind im Durchschnitt rund tausend Kubikmeter, die sich bei Koblenz vereinigen und auf ihrem Lauf gegen Westen die Landesgrenze bilden. Das Wasser stammt aus allen Teilen der Schweiz und teils noch vom angrenzenden Ausland. Nur der Kanton Genf liegt gesamthaft ausserhalb ihrer Einzugsgebiete. Flüsse und Bäche waren stets lebendige und wechselhafte Gebilde. Sie veränderten fortwährend ihr Erscheinungsbild. Nach jedem grossen Hochwasser sah die Flusslandschaft anders aus. Die Kiesbänke hatten sich verschoben, Inseln waren abgetragen und an anderer Stelle neu aufgebaut worden, unterspülte Bäume waren umgestürzt, lagen quer zur Strömung und hinter ihnen staute sich das Geschiebe.

Die Menschen erlebten die Wasserläufe als segensreiche Lebensspenderinnen, aber auch als existentielle Bedrohung. Sie nutzten das Wasser zum täglichen Gebrauch. Bewässerungssysteme durchzogen den flachen Talgrund. Mit ihnen konnten in trockenen Sommern die dürren Kiesböden feuchtgehalten werden. Bis tief ins Mittelalter zurück reichen die Ursprünge der von Wasserkraft getriebenen Mühlen. Anfänglich geschah dies durch direkte Übertragung der Wasserenergie auf das mechanische Getriebe. Später durch die Zwischenschaltung eines einfachen Elektrokraftwerks.

Die Wasserwege waren auch die lohnende Alternative zu den mühseligen Transportmöglichkeiten zu Lande. Die Ortsverbindungsstrassen waren schlecht, die Transportmittel so unzulänglich, dass selbst risikoreiche Wasserläufe sich als verlockende Ausweichmöglichkeiten anboten. Der Koblenzer Laufen ist einer der wenigen erhalten gebliebenen Stellen, die auch heute noch das damalige Wagnis des Wassertransports erahnen lassen. Aber nicht viel besser war der Rheinabschnitt zwischen Rümikon und Kaiserstuhl, wo sich die ungestümen Wassermassen zwischen zerklüfteten Felsen dahinwälzten. Sehr wild muss sich auch die Aare zwischen Stilli und Böttstein gebärdet haben.

Ohne die Verkehrserschliessung über Aare und Rhein wären wohl die Zurzacher Wallfahrten und die Zurzacher Messen nicht möglich geworden. Zwar gab es zur Römerzeit die strategische Strasse von Vindonissa nach Zurzach und hinüber nach Germanien. Aber mit den veränderten politischen Strukturen wurde diese Landverbindung wieder aufgegeben. Man benützte sie zwar noch für Messe und Wallfahrt, aber nur als bescheidene Ergänzung zum Wassertransport.

Das Eisenbahnzeitalter brachte das rasche Ende der Flussschiffahrt. Lange aber blieben die Wasserläufe nicht «brach» liegen. In der Beznau wurde zur Jahrhundertwende das Kapitel der Wasserkraftwerke aufgeschlagen. Dieses Pioniervorhaben sollte die Aare bis über Stilli hinaus aufstauen. 1898 begann die Bauausführung. 1902 gingen die ersten sechs Turbinen ans Netz; 1905 folgten fünf weitere.

Die anfängliche Leistung von zehn Megawatt konnte durch eine Sanierung 1932 auf fünfundzwanzig Megawatt gesteigert werden. Das Werk trug entscheidend zur raschen Elektrifizierung der Region bei. Die Vorzüge gegenüber der Petrollampe waren so offensichtlich, dass die Gemeinden in einen wahren Elektrifizierungswetteifer gerieten. Der Druck zur raschen Umstellung wurde durch den Ersten Weltkrieg noch verstärkt. Der Petrolwagen kam immer seltener in die Dörfer, dafür stiegen die Petrolpreise. Von 1913 bis 1920 wuchs der Strombedarf um das Zweieinhalbfache.

Die gute Ertragslage der schon bestehenden Werke und die günstigen Prognosen brachten die Diskussion um ein weiteres Kraftwerk im Bezirk rasch voran. Daran konnten auch die wirtschaftlichen Rückschläge der zwanziger und dreissiger Jahre nichts ändern. Als zweites Werk stand von Anfang an Klingnau im Vordergrund. In Anbetracht der geologischen, topografischen und hydrologischen Schwierigkeiten war das nicht selbstverständlich. Sehr kühne Projekte geisterten durch die Köpfe. Eines davon geriet nur bis zur ersten Ausführungsphase. Als Folge davon steht heute noch verloren im Klingnauer Stausee eine nie gebrauchte Brücke. Sie war als Verbindungsweg zum künftigen, aber nie ausgeführten Maschinenhaus gedacht. Bis zum eigentlichen Kraftwerkbau reichte diese Brücke noch bis ans jenseitige Ufer und konnte so von den Klingnauern Bezirksschülern als Schulweg nach Leuggern benützt werden.

1935 war Bauvollendung und Betriebsaufnahme. Soweit möglich waren die Vorleistungen der Aarekorrektion aus dem 19. Jahrhundert in den Kraftwerkbau einbezogen worden. Die grosse Auenlandschaft gegen Gippingen kam unter Wasser und bildete fortan zusammen mit dem alten Aarelauf den Klingnauer Stausee. Grosse naturschützlerische Überlegungen wurden noch nicht angestellt. Der Sturm der Entrüstung über den Verlust der Sumpflandschaft blieb aus. Die Argumente der Nützlichkeit hatten Vorrang. Endlich war die Überschwemmungsgefahr gebannt. Und – was nicht vorauszusehen war – der neue Klingnauer Stausee wurde zum international bekannten Vogelbiotop. Im technischen Vergleich mit dem Werk Beznau stellte das Kraftwerk Klingnau eine neue Generation dar. Die drei Kaplan-Turbinen erbrachten eine Generatorenleistung von achtunddreissig Megawatt und eine mittlere Jahresproduktion von zweihundertdreissig Millionen Kilowattstunden.

Trotz schwieriger internationaler Verhältnisse folgte dann schon bald das Kraftwerk Rekingen. Mitten im Kriege, nämlich 1942, nahm es seinen Betrieb auf. Der Stau reichte bis nach Kaiserstuhl. Wegen der tief gelegenen Wasserrinne liess sich der Aufstau leicht und vor allem ohne wesentliche Eingriffe in das Landschaftsbild bewerkstelligen. Zwar hat der Strom jene Wildheit eingebüsst, von der in Gottfried Kellers «Hadlaub» noch die Rede ist, aber der ruhige Stausee mit seinen wald- und wiesenbestandenen Ufern ist zu einer wahren Idylle geworden. Wer sich auf der glatten Wasserfläche von Kaiserstuhl gemächlich talabwärts treiben lässt, kann sich ihrem unvergleichlichen Zauber nicht entziehen.

Die Zentrale Riburg-Schwörstadt bei Leibstadt hat dann die Zahl der Wasserkraftwerke im Bezirk auf vier steigen lassen. Doch damit war die Sättigung nicht erreicht. Es ist ein Phänomen besonderer Art, dass in diesem Bezirk auch die übrigen Energiebeschaffungsarten pionierhaft vorangetrieben wurden. Schon 1906 gab es im Wasserkraftwerk Beznau zwei mit Kohle betriebene Dampfturbinen. Der grosse Leistungsabfall der Wasserkraftwerke zur Winterszeit bewog die NOK 1946/47 zur Errichtung eines thermischen Kraftwerkes auf Ölbasis. Die Anlage wurde im Wald beim Wasserkraftwerk Beznau erstellt. Die Stunde

Beznau, eines der ältesten Wasserkraftwerke der Schweiz. Es trug wesentlich zur ersten Industrialisierung des Bezirks bei.

der grundsätzlichen Neuorientierung schlug ebenfalls im Bezirk Zurzach. Da gab es noch den letzten nicht aufgestauten Rheinabschnitt zwischen Koblenz und Rekingen. Das Projekt für das fünfte Wasserkraftwerk war ausführungsreif. In der Zurzacher Barz zeigten Profilstangen die Höhe des künftigen Dammes an. Die Naturschützler fochten nur noch Rückzugsgefechte wegen der bevorstehenden massiven Beeinträchtigung des Koblenzer Laufens. In Zurzach beschränkte man sich darauf, bestmögliche Schutzmassnahmen für den künftigen Kurort zu erwirken. Für die Koppelung mit einem ölthermischen Kraftwerk waren in der Rheinebene von Rietheim schon fünfzig Hektaren Kulturland aufgekauft worden. Da wurde die ganze Übung überraschend abgeblasen, ohne dass irgendein politischer Druck die Kehrtwendung notwendig gemacht hätte. Die NOK hatte sich für eine andere Marschrichtung entschieden. Die Zukunft sollte der Kernenergie gehören.

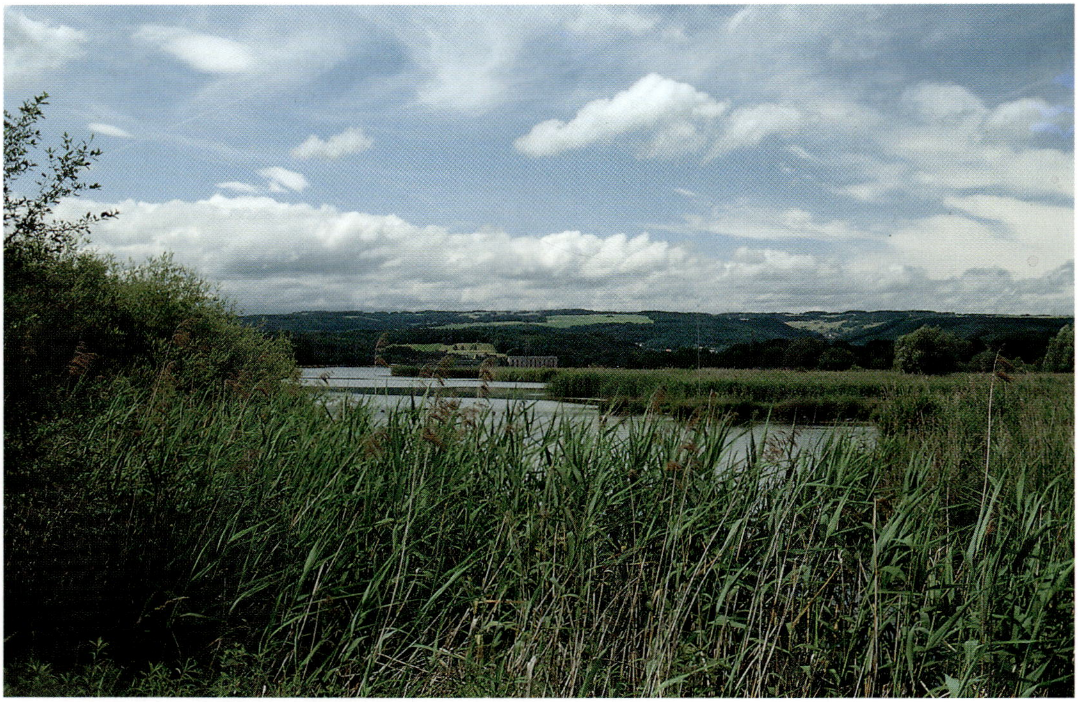

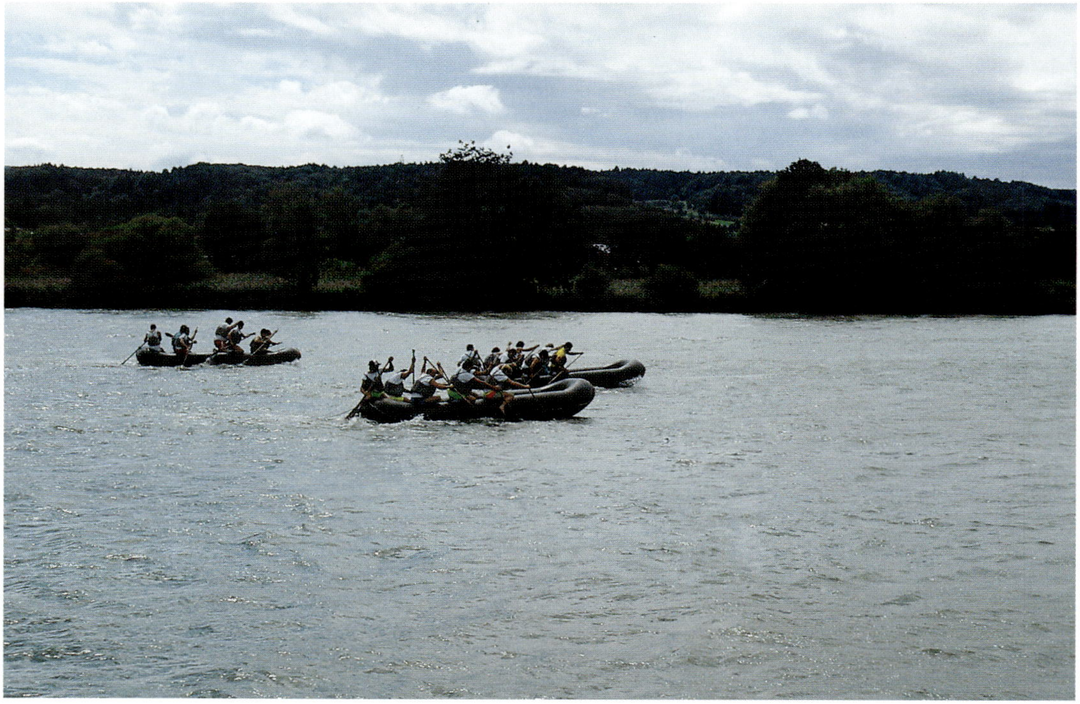

# Naturschutzgebiet Stausee Klingnau

Das Naturschutzgebiet Stausee Klingnau hat eine aussergewöhnliche Vorgeschichte. Das Reservat ist das Produkt zweier massiver technischer Eingriffe. Die Landkarten des 19. Jahrhunderts weisen den untern Aarelauf von Böttstein bis zur Mündung als ein weitläufiges Netzwerk von Mäandern und Sumpfgebieten aus. Erst mit der grossen Aarekorrektion von 1890 wurde «Abhilfe» geschaffen. Für gut vierzig Jahre präsentierte sich der Flussabschnitt fortan als schnurgerader Kanal. Männiglich bestaunte das grossartige Werk, das endlich den verheerenden Überschwemmungen einen Riegel schob. Doch dann erfolgte die zweite Umgestaltung. Mit dem Kraftwerk Klingnau entstand der Stausee, der die Wasserfläche auf die Westseite hin massiv vergrösserte. Schachenwälder, Auenlandschaften und Kiesbänke verschwanden. Was sich fürs erste als harter Eingriff in die Landschaft ausnahm, entwickelte sich im Laufe der folgenden Jahrzehnte zu einem einmaligen Biotop. Die neu entstandenen Feuchtgebiete wurden zu einem Vogel-Eldorado. Hier legen die Zugvögel aus dem Norden einen Zwischenhalt ein, und viele setzen ihre Reise schon gar nicht weiter fort, sondern wählen den Stausee zum Winteraufenthalt.

In den Flachwasserzonen des neuen Sees und im angrenzenden «Grien» und «Giriz» ist eine standortbezogene Vegetation gewachsen. Sie reicht von Pionierpflanzen über Schilfgürtel bis zu malerischen Auenwäldern. Als in der Nachkriegszeit die Flussschiffahrt mit Hafenanlagen in Klingnau diskutiert wurde, schien der Fortbestand des Biotops gefährdet. Die Sorge erwies sich schliesslich als unbegründet. Die Ortsplanungen der Anstössergemeinden nahmen zusehends auf das Naturschutzgebiet Rücksicht. Die Interessen der Freizeitnutzung liessen sich vorteilhaft mit den Naturschutzvorstellungen in Einklang bringen.

Nur noch einmal schlug der Stausee politische Wellen. Eine Arbeitsgruppe aus Naturschutzkreisen reichte eine Initiative für ein Gesetz über die Erhaltung und Pflege des Klingnauer Stausees ein. Das Dekret des Grossen Rates mit der gleichen Zielsetzung schien ihnen nicht ausreichend zu sein. Der Bevölkerung des unteren Aaretals kam die Initiative sehr ungelegen. Man hatte schliesslich über Jahrzehnte dem Stausee Sorge getragen und in gutem Einvernehmen die verschiedenen Interessen aufeinander abgestimmt. Die Regelung des kantonalen Dekrets war man gewillt zu akzeptieren, mehr nicht. Die Initiative fiel bei der Volksabstimmung deutlich durch. Damit konnte das kantonale Schutzdekret in Kraft treten.

Oben: Der Klingnauer Stausee mit Blick gegen den Schwarzwald.
Unten: Klingnauer Pontoniere im Einsatz. Ein kantonales Dekret regelt die angemessene Freizeitnutzung des Naturschutzgebiets.

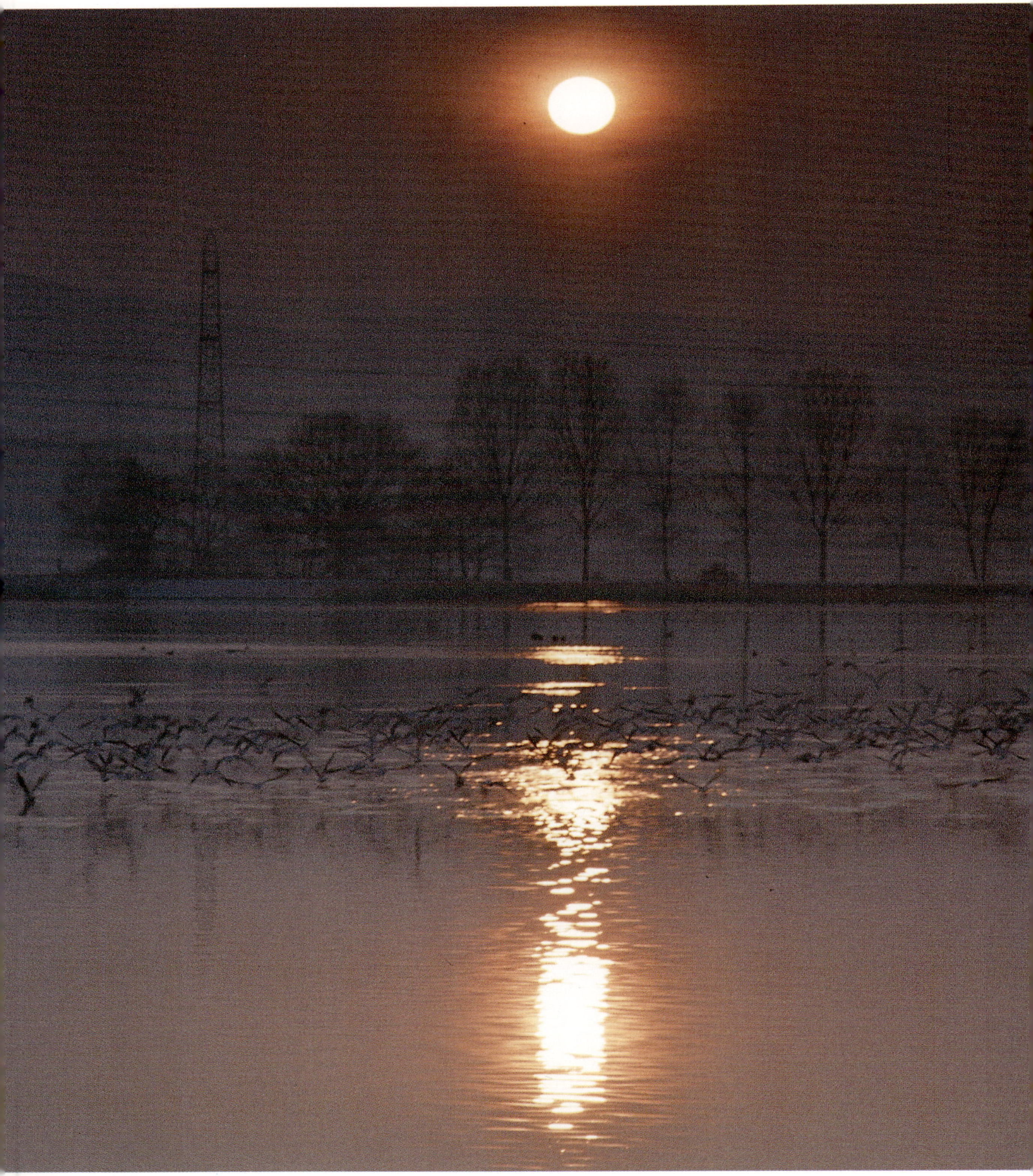

Links: Abendstimmung am Stausee. Die einstigen Eingriffe der Technik haben der Natur neue Chancen gegeben.
Oben: Grünschenkliges Teichhuhn. Das Reservat ist zum Vogelparadies geworden.

Folgende Doppelseite:
Graureiher im Erlengeäst.

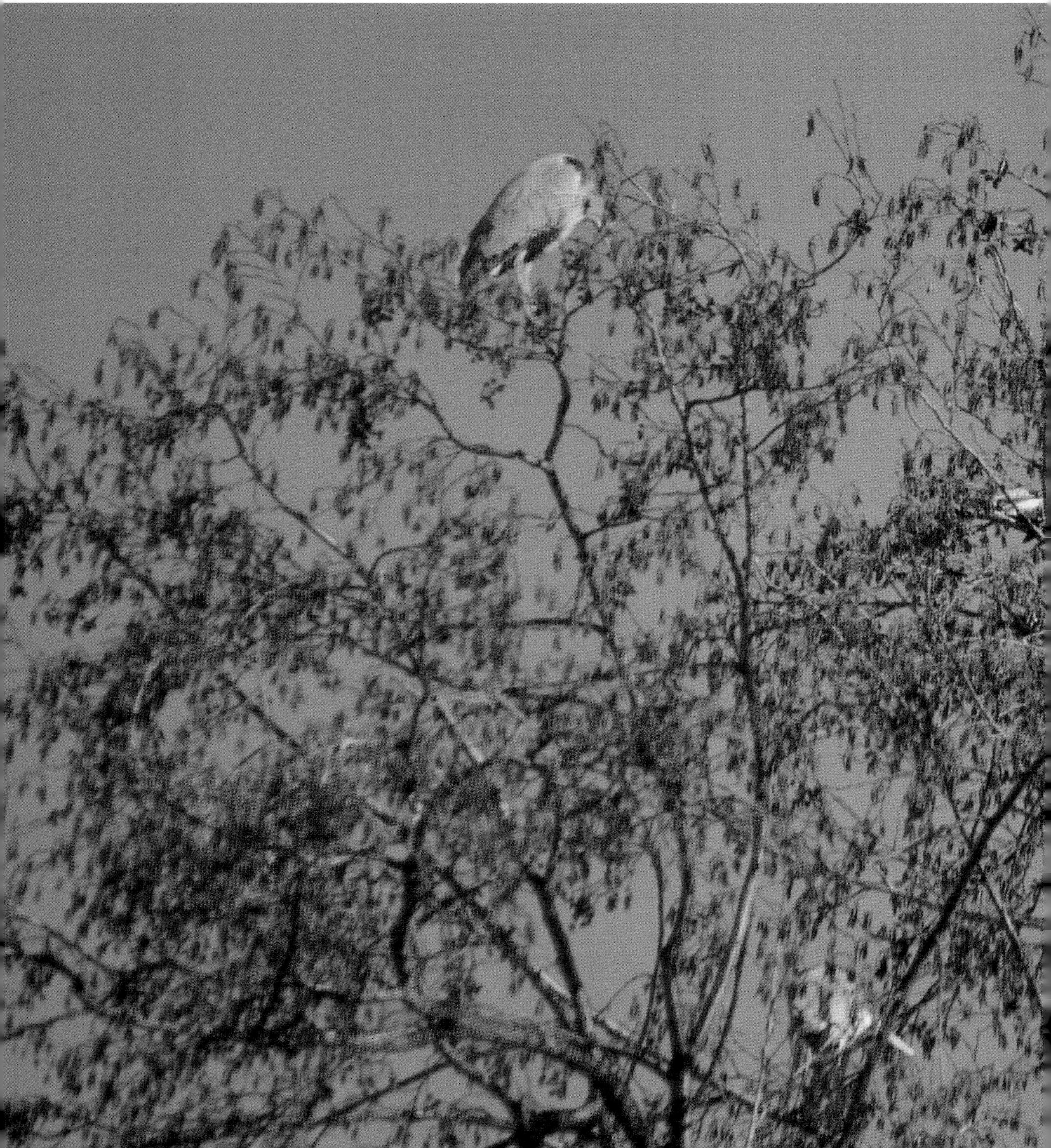

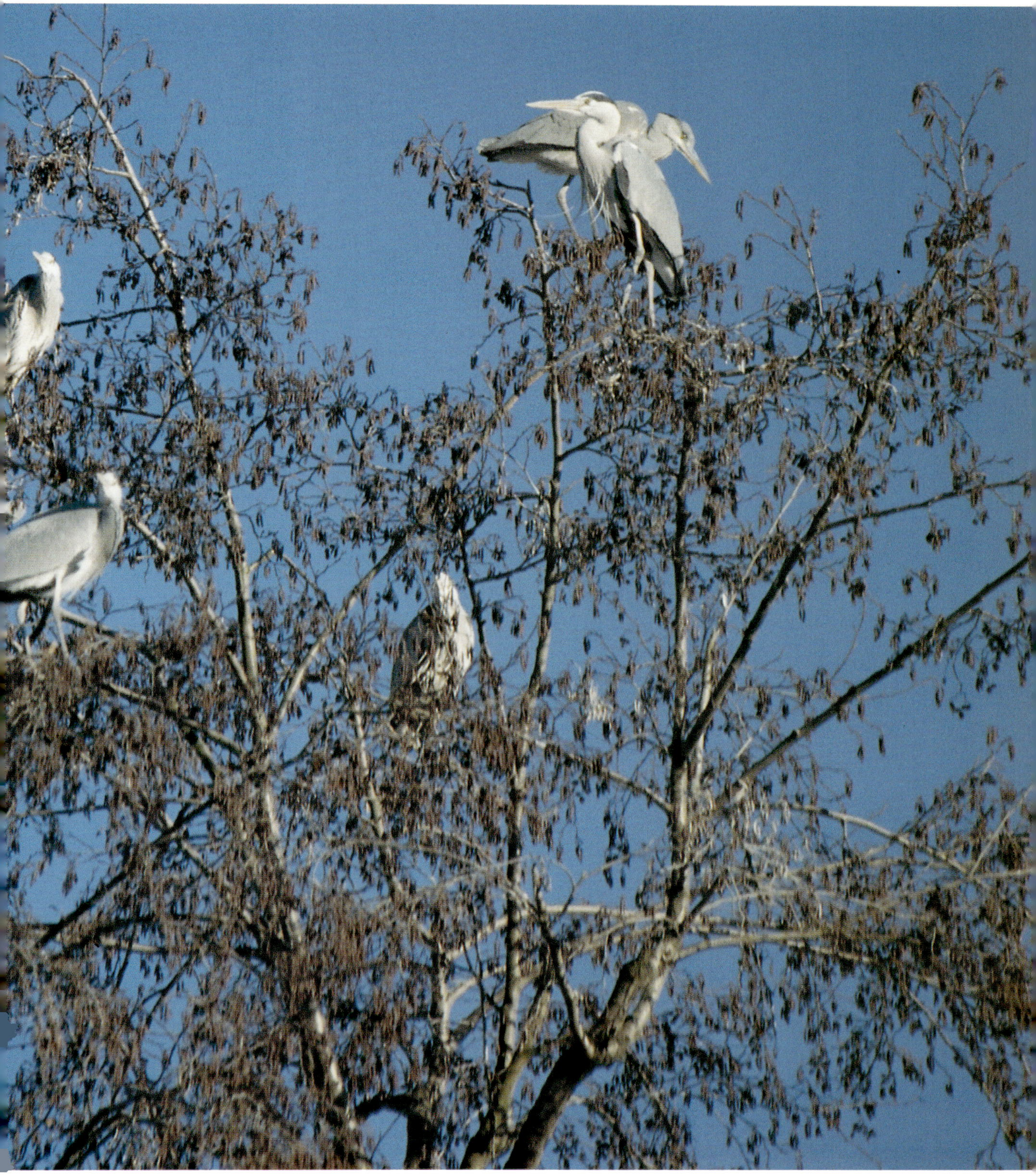

Unübersehbar, das Kernkraftwerk Leibstadt.
Es hat wesentlichen Anteil an der überragenden
Bedeutung dieser Gegend für die Energie-
versorgung der Schweiz.

# Kernkraftwerk Leibstadt

Eine breite Zustimmung aller Bevölkerungskreise hatte die Erstellung des ersten Kernkraftwerks in der Beznau begleitet. Überlegungen des Landschaftsschutzes sprachen immer stärker gegen die Anlage neuer Wasserkraftwerke. Schwerwiegende Vorbehalte gab es auch gegen ölthermische Werke. Man fürchtete ihre Immissionen und die Abhängigkeit von den ausländischen Lieferanten der fossilen Brennstoffe. Der wirtschaftliche Optimismus der sechziger Jahre entwarf kühne Wachstumskurven. Den Lösungsschlüssel für den gewaltigen künftigen Energiebedarf hatte man in der Hand, er hiess «saubere Kernenergie».

Als 1966 auf der Beznauwiese der Spatenstich zum ersten Kernkraftwerk getan wurde, hatten die Vertreter der Elektrowatt AG zum gleichen Zweck auf der Schotterterrasse bei Leibstadt sechsundzwanzig Hektaren Kulturland erworben. Für diese Standortwahl hatten die Flussnähe, die geringe Entfernung zur Schaltzentrale Laufenburg und die günstigen geologischen Verhältnisse den Ausschlag gegeben. Der spätere Vorwurf von deutscher Seite, man habe den «Risikobetrieb» bewusst an die Landesgrenze gestellt, stimmt insofern nicht, als Kernkraftwerke damals politisch unangefochten waren. Der heute von der deutschen Nachbarschaft so störend empfundene Kühlturm war in der Anfangszeit noch kein Thema. Noch vor dem Baubeginn in der Beznau lag auch schon die Standortbewilligung für Leibstadt vor. Zu dieser Zeit aber kam weltweit die kritische Auseinandersetzung um die Kernkraftwerke auf, welche auch das Baubewilligungsverfahren für Leibstadt beeinflusste. An der Standortgemeinde lag es nicht. Dort wurden die einzelnen politischen Schritte zur Realisierung des Kernkraftwerks stets von einer starken Mehrheit gutgeheissen. Eine wesentliche Zäsur brachte das bundesrätliche Verbot der Flusswasserkühlung, worauf das Projekt auf das Kühlturmverfahren umgestellt werden musste.

Der Zeitplan für das Tausend-Megawatt-Werk rechnete mit der Eröffnung im Jahr 1978; der Kostenvoranschlag lag bei zwei Milliarden Franken. Am Schluss waren es 4,6 Milliarden, und der schweizerische Energieminister Dr. Leon Schlumpf konnte erst im Oktober 1985 seine Einweihungsrede halten. Noch während der Bauzeit hatte die Kontroverse um weitere Kernkraftwerke harte Formen angenommen, und mit dem geplanten dritten aargauischen Kernkraftwerk in Kaiseraugst war auch das Kampffeld gegeben. Kaiseraugst bewirkte den vorläufigen Stopp im Aufbau einer umfassenden schweizerischen Kernenergieversorgung. Das Kernkraftwerk Leibstadt hingegen steht und funktioniert. In der Standortgemeinde und im Bezirk hat sich die grundsätzlich positive Einstellung nicht gewandelt.

Das Kernkraftwerk Leibstadt beschäftigt gegen vierhundert Angestellte. Die Energieleistung lässt sich mit einem einfachen Satz veranschaulichen: Eine Million Schweizer und Schweizerinnen hängen mit ihrem Haushalt, ihren Arbeitsplätzen, ihrer Freizeit und den öffentlichen Dienstleistungen am Leibstadter Elektrodraht.

# Am Holz hing fast alles

Der Bezirk Zurzach hat seine eigene Industriegeschichte mit Kuriositäten und Besonderheiten. Die Industrialisierung setzte spät ein und beschränkte sich lange Zeit auf das untere Aaretal. Die Betriebe siedelten sich in einer wirtschaftlich sehr schwachen Region an und waren deshalb willkommen. Ihre lokale Entwicklung ist eng mit der Eisenbahnerschliessung und dem Kraftwerkbau verbunden. Über weite Strecken blieb die Holzindustrie dominierend. Ihren Werdegang kann man von den Ursprüngen bis zur Gegenwart lückenlos wiedergeben. Es ist nicht der Waldreichtum des Zurzibiets, der dieser Industrie zu Gevatter stand. Es war wohl eher eine Zufälligkeit, dass schon um 1850 in Klingnau jenes kleine Furnierwerk bestand, das zur Urzelle der lokalen Holzindustrie wurde. Seinem Inhaber namens Keller gelang es, wie andern findigen Köpfen der damaligen Zeit, aus dem kleinen handwerklichen Unternehmen heraus den Anschluss an das Industriezeitalter zu schaffen. Man erzählt sich, dass dieser Unternehmer im Militärdienst mit einem Zigarrenfabrikanten aus Reinach zusammengetroffen sei, dessen Vertrauen gewonnen habe und in der Folge für ihn Zigarrenkistchen herstellen konnte. Diese Kistchen ziehen sich wie ein roter Faden durch die ganze Holzindustrie bis in die Gegenwart, und sie liessen den legendären Begriff vom «Kistli-Keller» entstehen.

Noch vor dem Ersten Weltkrieg wurden jene Betriebe gegründet, die zu den Stützen der Holzindustrie im untern Aaretal wurden: die Sperrholzfabrik Keller & Co. AG mit der angegliederten Kistchenfabrikation, die Möbelfabrik Oberle & Hauss AG und die Stuhl- und Tischfabrik Tütsch. Zum ersten Mal gab es eine beträchtliche Anzahl Arbeitsplätze in der eigenen Gemeinde. Das Gros der Arbeitnehmer aus Surb-, Aare- und Rheintal musste zwar immer noch nach auswärts pendeln, nach Turgi, Baden, Brugg und auch zur aufstrebenden Landmaschinenfabrik Bucher-Guyer in Niederweningen. Doch ein erster Durchbruch war geschafft. Die Holzindustrie überstand die Krisenzeit der dreissiger Jahre und des Zweiten Weltkriegs. Nach dem Krieg erlebte sie einen ungeahnten Boom. Der Nachholbedarf war gross, die Bauindustrie gedieh, die Holzindustrie florierte. Neue Firmengründungen in Döttingen, Klingnau, Kleindöttingen und Koblenz folgten sich Schlag auf Schlag. Schliesslich waren es Dutzende von Unternehmen aller Grössen. Es ging ihnen gut, wenngleich sich auch damals schon kritische Stimmen zu dieser industriellen Monokultur meldeten. Wohnausstattungen, Büromöbel, Furniere, Polstermöbel, Spanplatten aus dem untern Aaretal fanden ihren Weg in die ganze Schweiz und ins Ausland. 1965 erfolgte mit der De Sede AG in Klingnau die letzte grosse Gründung. Die Firma spezialisierte sich auf die Anfertigung hochklassiger Ledermöbel und hatte damit auf Anhieb durchschlagenden Erfolg.

Die Firma Keller & Co. AG, die sich schon immer durch Pionierleistungen ausgezeichnet hatte, entwickelte das Spanplattenverfahren. Es war eine Erfindung des Ingenieurs Fahrni. Er trug seine Idee Jean Frick-Keller, dem Schwiegersohn des Firmengründers, vor. Der

Das Spanplattenwerk der Novopan AG in Kleindöttingen. Die ehemals wichtige Produktionsstätte ist heute daran, die Fabrikation aufzugeben.

liess sich schnell von der Zukunftsträchtigkeit der neuen Werkplatte überzeugen. Das sattsam bekannte lästige Schwinden, Quellen und Reissen des Holzes konnte so von Anfang an ausgeschaltet werden. In aller Stille wurde in jahrelangen Versuchen die Produktion vorbereitet. 1947 nahm der Novopan-Betrieb die Serienproduktion auf. Sie wurde zum grossen Erfolg. Die Bauunternehmer standen Schlange für den begehrten Werkstoff. Die Auslieferung musste in Kontingenten erfolgen. Auch die ab 1955 laufende Fabrikation von Kellco-Kunststoffplatten kam in der Baubranche bestens an.

Der Abschwung fiel bezeichnenderweise mit der letzten grossen Expansion zusammen. Der Firma Keller & Co. AG war es in Klingnau zu eng geworden. Sie wechselte auf die andere Aareseite nach Kleindöttingen und baute dort ein gigantisches Werk für sechsundneunzig Millionen Franken. Es sollte das modernste seiner Art werden, aber technische Probleme verzögerten den Baufortschritt und verteuerten die Anlage. Zur Schwierigkeit der Umstrukturierung kam die Rezession. Das stolze, erfolgsgewohnte Unternehmen geriet ins Schlingern und ging schliesslich an die Hiag-Gruppe über.

Die Rezession setzte nicht nur dem Novopan-Werk zu, die ganze Holzindustrie des untern Aaretals wurde davon betroffen. So rasch eine Vielzahl an Unternehmen entstanden war, so rasch verschwanden sie wieder. Der Kampf ums Überleben trennte die Spreu vom Weizen. Eine nachrückende Unternehmergeneration behauptete sich mit der Konzentration auf Marktnischen, mit herausragender Qualität und mit neuester Technik.

# Das Salz der eigenen Erde

Die Wirtschaftsgeschichte früherer Jahrhunderte war viel stärker vom Salz geprägt, als man das gemeinhin annehmen möchte. Der wertvolle Rohstoff wurde aus dem Meer und aus Bergwerken gewonnen und war eines der wichtigsten Frachtgüter, die zu Land und zu Wasser über grössere Distanzen und für teures Geld zu den Verbrauchsorten transportiert wurden. Salz wurde nur in bescheidenem Umfang als Gewürz gebraucht, viel wichtiger war es für das Vieh und als Konservierungsmittel für Nahrungsvorräte. Die Salinen der Freigrafschaft spielten für die Berner in den Burgunderkriegen eine mindestens ebenso wichtige Rolle wie die politischen Auseinandersetzungen mit Karl dem Kühnen. Als 1550 in den Felsen von Bex Salzlager entdeckt wurden, verstanden es die Berner sehr schnell, das Gebiet in ihren Herrschaftsbereich zu bringen.

Dabei sassen die Eidgenossen auf den schier unerschöpflichen, aber noch unbekannten eigenen Salzlagern des Rheintals. Deutsche Fachleute erbohrten 1836 die ersten Salzschichten bei Pratteln. In Anlehnung an deutsche Gepflogenheiten erhielt die erste Saline den Namen «Schweizerhalle». Was in Pratteln möglich war, das müsste sich bei ähnlich gelagerten geologischen Verhältnissen auch weiter rheinaufwärts verwirklichen lassen. Das sagte sich Cornelius Vögeli, Gemeindeammann von Leuggern. Er gehörte zur Gruppe jener Pioniere, die im aufstrebenden Industriezeitalter mit Augenmass und Zähigkeit ihre Chance wahrnahmen. Der aargauische Regierungsrat gewährte ihm die Konzession für Salz- und Kohlebohrungen. Der Erfolg blieb aber lange Zeit aus. Cornelius Vögeli kämpfte mit vielen Tücken des Objekts: gegen Paragraphen, gegen die mächtigen Rheinsalinen und vor allem gegen die Geldnöte seines Unternehmens. Nach Jahrzehnten endlich schien ihm das Glück hold zu sein. 1892 erlebte Cornelius Vögeli den entscheidenden Durchbruch. In der Nähe der Bahnstation Koblenz stiess er in einer Tiefe von hundertzweiunddreissig Metern auf eine zehn Meter tiefe Salzschicht. Die aargauische Regierung war sich der Bedeutung dieses Erfolgs nicht bewusst. Die Gesuche Cornelius Vögelis für eine Ausbeutungskonzession wurden eher als lästig empfunden. Auf kantonaler Ebene setzte man auf die Schweizerischen Rheinsalinen, die für den Kanton beträchtliche und sichere Einnahmen brachten. Cornelius Vögeli hingegen, dem auch immer etwas Abenteuerliches anhaftete, erlebte Misstrauen und Ablehnung. Bei der Erneuerung des Vertrags mit den Rheinsalinen hielt der Kanton immerhin die Nutzung des Koblenzer Salzlagers zu Industriezwecken offen, und Cornelius Vögeli bekam schliesslich eine reduzierte Konzession. Für ihn kam das Zugeständnis zu spät. Seine finanziellen Möglichkeiten waren erschöpft, und das hohe Alter setzte Grenzen. Unter dem Druck der widrigen Verhältnisse zeigte er sich bereit, die Konzession für 275 000 Franken an seine grösste Widersacherin, die Schweizerische Rheinsaline, abzutreten. Die eigentliche Übertragung der Konzession durch den Kanton Aargau an die Vereinigten Schweizerischen Salinen erfolgte 1912, ein Jahr nach dem Tod von Cornelius Vögeli.

Drei stillgelegte Fördertürme bei Zurzach. Von hier aus wurde die Schweizerische Sodafabrik mit dem Rohstoff Sole versorgt.

Was die Rheinsalinen bis anhin zum Nachteil von Cornelius Vögeli hintertrieben hatten, nahmen sie nun selber tatkräftig an die Hand. Zwischen Zurzach, Koblenz, Klingnau und Leuggern wurde gleichzeitig an mehreren Stellen gebohrt. Dabei stiess man auf die ungemein reichen Salzlager zwischen Zurzach und Rietheim. Umgehend machte die 1914 gegründete Aktiengesellschaft Schweizerische Sodafabrik vom Recht der Salzförderung zur Sodaherstellung Gebrauch. Sie war vertraglich gebunden, das erforderliche Industrieunternehmen im Bezirk Zurzach zu bauen. Auf freiem Feld, auf halbem Weg zwischen den Salzlagern in der «Barz» und dem Steinbruch Mellikon entstanden in Rekordzeit die imposanten Fabrikanlagen mit Geleiseanschluss. Schon 1916 nahmen sie ihren Betrieb auf.

Die neue Ziegelei Fisibach AG. Aus der einstigen Ziegelhütte mit Handbetrieb ist ein modernes Unternehmen geworden.

# Von der Ziegelhütte zum Baustoffunternehmen

Eine Berufsstatistik aus dem Jahr 1815 weist für den Bezirk Zurzach einen stattlichen Harst von Ziegelbrennern aus. Das ist nicht verwunderlich: Das Handwerk liess sich leicht betreiben und verspürte den zeitgenössischen Aufwind. Der junge Kanton hatte eben sein erstes Feuerwehrreglement herausgegeben. Es enthielt einen ganzen Katalog von Brandbekämpfungs- und Brandverhütungsmassnahmen. Brandmauern sollten die Ausweitung der gefürchteten Feuersbrünste verhindern, und Ziegeldächer mussten die besonders gefährdete Strohbedachung ablösen. Die Nachfrage nach Backsteinen und Ziegeln stieg. Für die langsam einsetzenden Meliorationsarbeiten in den sumpfigen Geländestrichen brauchte es zudem vermehrt Drainageröhren aus Ton.

In jeder Gemeinde stand eine Ziegelei. Das Handwerk wurde im Nebenerwerb zur Landwirtschaft betrieben. Die erforderlichen Rohstoffe – Mergel und Lehm – waren in den Ausläufern der Juralandschaft reichlich vorhanden. Noch heute lassen sich mit genügender Ortskenntnis die einstmaligen Abbaustellen in der Landschaft ausmachen. Nach dem Übergang zur Industrieproduktion konnten die handwerklich betriebenen Ziegelhütten nicht mehr mithalten. So bis zur Mitte des 20. Jahrhunderts stellten alle den Betrieb ein. Mit einer Ausnahme: Um 1870 übernahm die Familie Bucher die kleine Fisibacher Ziegelhütte und führte sie als Nebenerwerb zur Landwirtschaft. Als gleichzeitige Ergänzung wurde noch mit Kohle und Holz gehandelt. Im Unterschied zu den andern lokalen Ziegelbrennereien war man in Fisibach nicht gewillt, vor der mächtig aufkommenden Industrie zu resignieren. Die Geschäftsleitung zog bei der Mechanisierung mit. 1937 zerstörte ein Grossbrand das Unternehmen. Das Unglück wurde auch zur Chance für ein neues Konzept, das auf eine wesentliche Konzentration hinauslief. Die Ziegelproduktion wurde zugunsten der Backsteinherstellung aufgegeben. Auch auf die Landwirtschaft wurde verzichtet. Das Unternehmen konnte Schritt halten. Es baute die modernen Tunnelöfen ein und revidierte die Organisationsstruktur. 1978 erfolgte die Umstellung auf Elektronik im Produktionsablauf. Mit vollautomatischer Programmsteuerung wurde die Effizienz wesentlich gesteigert. Der Kohlebetrieb wurde durch Gas abgelöst. Der Anschluss an die modernste Technologie war geschafft. Seit 1985 heisst die Firma «Ziegelei Fisibach AG». Hinter der unaufdringlichen Bezeichnung steht ein Unternehmen, das fünfzig verschiedene Backsteine fabriziert; eine Firma, die als einer der ganz wenigen Kleinbetriebe von einst in der Entwicklung immer vorne blieb und alle Konzentrationsprozesse heil überstand.

# Damals Kalk – heute Zement

Die Verlegung der «Holderbank»-Zementindustrie in die Region Zurzach war mit einem langen politischen Seilziehen verbunden. Die Zementindustrie galt zwar als verlässliche und zukunftsträchtige Arbeitgeberin. Die Bautätigkeit der Nachkriegszeit eröffneten ihr günstige Perspektiven. Die Produktion stieg gewaltig an, aber die Methoden der Zementgewinnung blieben die alten. Die Steinbrüche widerhallten von den Sprengungen, die hohen Schornsteine rauchten und verteilten den Staub in weitem Umkreis. Weissbestäubte Dörfer und Landschaften waren die Markenzeichen.

In der Zementindustrie wusste man um die Notwendigkeit der Sanierungen. Weil am bisherigen Standort Holderbank die Rohstoffe für eine Kapazitätserhöhung nicht mehr ausreichten, kam das Projekt einer Verlegung in die Region Zurzach auf. Die Verkehrsverhältnisse waren dort weniger günstig, aber der Rohstoff Kalk bot sich in ausreichender Menge und in bester Qualität an. Es begann mit dem geheimnisumwitterten Landerwerb der Lareg AG, die von Rietheim bis Rümikon und hinauf ins Studenland Einzelparzellen und ganze Bauernhöfe zusammenkaufte, ohne dass der Grund dieser Aktion der Öffentlichkeit bekanntgegeben wurde. So konnte es in der Gerüchteküche munter drauflosbrodeln. Die Wirtschaftskonjunktur feierte Urständ; viele Bauern trennten sich ohne grosse Hemmungen von ihrem angestammten Besitz. Mit dem starken Polster der getätigten Landkäufe konnte die Zementindustrie mit ihren Plänen für ein Werk in Zurzach an die Öffentlichkeit treten.

Für Zurzach wurde die künftige Zementfabrik zur Gewissensfrage. Westlich des Fleckens nahm der Kurbezirk Gestalt an. Östlich sollte im «Seesteg» ein mindestens ebenso grosser Komplex der Zementindustrie vorbehalten sein. Der Meinungsstreit war heftig. An Orientierungs- und Gemeindeversammlungen fielen harte Worte. Durch eine Zonenplanänderung wurde der Bau der Zementfabrik auf Zurzacher Boden verunmöglicht. Das Projekt war damit nicht vom Tisch. Mit einem neuen Standort zwischen Rekingen und Mellikon konnten die Zurzacher Kurortbedenken ausgeräumt werden. Es dauerte aber doch noch geraume Zeit, bis die Baumaschinen auffuhren. Die Bewilligung datiert zwar aus dem Jahr 1965, aber sie fiel in die Zeit, als die Konjunkturdämpfungsmassnahmen die Bauindustrie zurückbanden. Bis 1972 blieb es bei einigen Vorbereitungsarbeiten. Doch 1975 ging das Werk in Betrieb, zweihundertzwanzig Millionen Franken Investitionen waren dafür gesamthaft erforderlich gewesen. Die Wirtschaftslage hatte in der Zwischenzeit Kurs auf Talfahrt genommen. Die Nahostkrise brachte die erste harte Nachkriegsrezession. Die «Holderbank» zog daraus die Konsequenzen und verzichtete auf die Weiterführung des Stammbetriebs in Holderbank. Sie setzte damit voll auf die neue hochmoderne Anlage in Rekin-

Oben: Der Steinbruch im Musital. Angelegt im Jahre 1974, hat er sich inzwischen tief in die Hügellandschaft ausgeweitet.
Unten: Das Zementwerk Rekingen, imposanter Industriebau in ländlicher Umgebung.

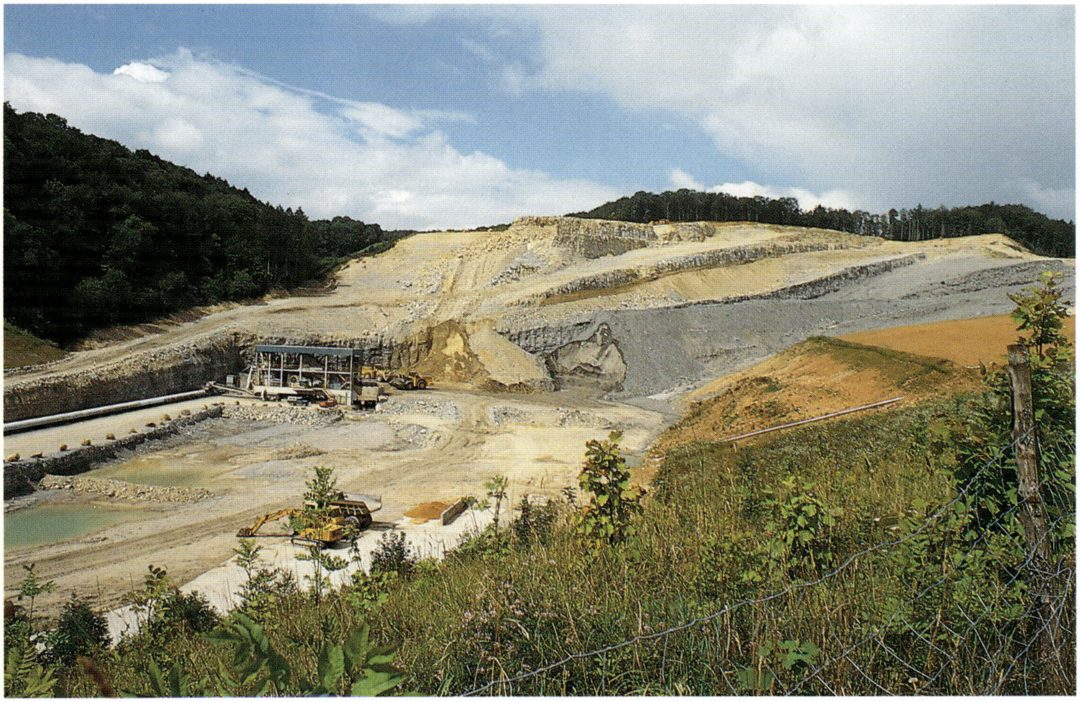

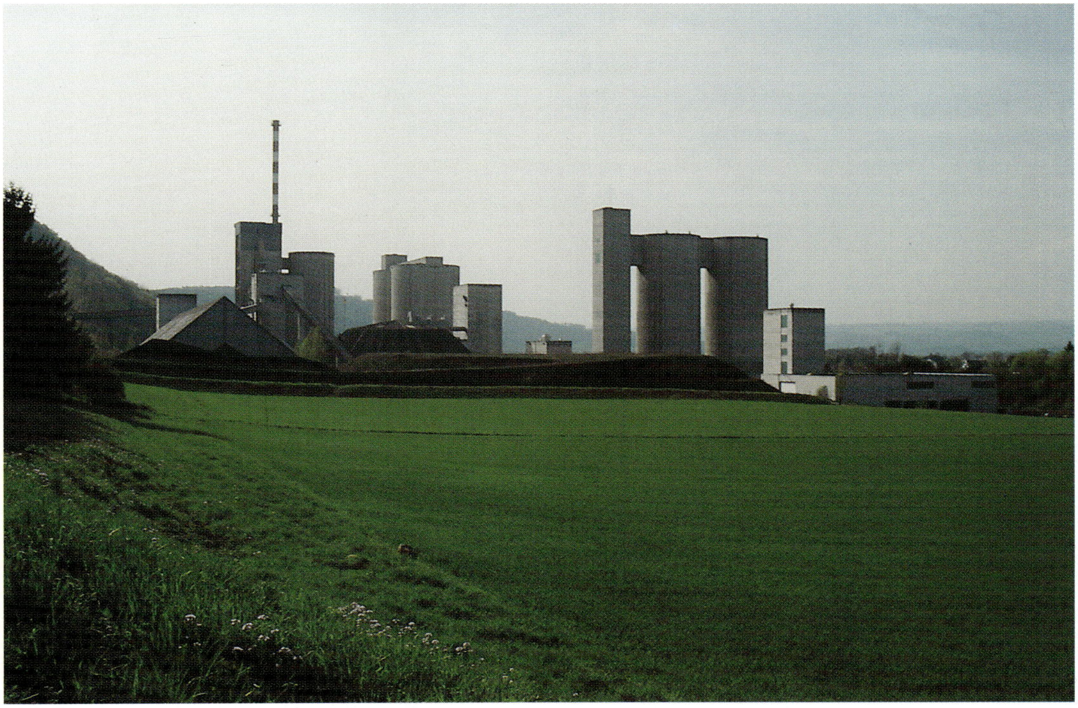

gen. Mit der Verlegung des Geschäftssitzes nach Rekingen wurde diese Entwicklung 1982 abgeschlossen.

Seither ist die Zementfabrik Rekingen zu einer Stütze der lokalen Industrie geworden. Schon nach kurzer Anlaufszeit wurde eine Jahresproduktion von siebenhunderttausend Tonnen erreicht. Die von Skeptikern so sehr gefürchteten Immissionen blieben aus. Die neuen Produktionsmethoden wurden auch anspruchsvollen Umweltanforderungen gerecht. Rekingen bekam in seiner Umgebung den dritten Steinbruch. Im «Musital» zwischen Baldingen und Tegerfelden wuchs eine grossflächige Kalkabbaufläche. Mit wohlberechneter Einpassung ins Gelände und mit gezielten Rekultivierungsprogrammen blieben die Landschaftsschäden im Rahmen. 1980 erfolgte die Umstellung von Öl- auf Kohlenfeuerung. Zehn Jahre später zeichnete sich ein nächster Schritt ab: das Projekt der Altholzverbrennung. Die Fabrikleitung bemühte sich durch die Wahrung der Umweltinteressen, Behörden und Bevölkerung für das neue Konzept zu gewinnen. Auf Schweizer Seite ist ihr das gelungen. Anders bei den deutschen Nachbarn, wo die Zementfabrik als Risikobetrieb betrachtet wird und wo sich deshalb gegen die beabsichtigte Altholzverbrennung ein kämpferischer Widerstand entwickelte. Rekingen ist zu einem sinnfälligen Beispiel der Geschichte der Zementindustrie geworden. Am Chrüzlibach steht noch die alte Kalkfabrik Spühler, und in ihrer unmittelbaren Nähe an der Schachenstrasse kann noch der vom Gebüsch überwucherte Kalksteinbruch erkundet werden. Im gleichen Blickfeld sind der neue Steinbruch und die Zementfabrik auszumachen. Der Vergleich illustriert eindrücklich den Wandel der Dimensionen.

# Bad Zurzach – Kurort aus dem Nichts

Immer wieder wird sie neu erzählt und ausgeschmückt, die Geschichte vom verpatzten ersten Einstieg ins Kurortzeitalter. Dabei war die Panne damals im Jahr 1914 gar nicht besonders verwunderlich. Auf der Suche nach weiteren Salzvorkommen war man in den Zurzacher «Schulmatten» in einer Tiefe von 416 Metern unversehens auf eine ergiebige Thermalquelle gestossen. Der unverhoffte Segen löste mehr Ratlosigkeit als Freude aus. Die grossen Zeiten der Bäderkuren waren im Abflauen, und wenige Tage nur nach der Quellenerbohrung löste das Attentat von Sarajewo den Ersten Weltkrieg aus. Die Menschen hatten vordringlichere Sorgen. Das Sondierloch wurde geschlossen.

Doch die Erinnerung blieb. Sie wurde von einer Thermalquellen-Kommission und später von einer Initiantengruppe in der Bevölkerung wachgehalten. Ihnen war es zu verdanken, dass in den fünfziger Jahren ein neuer Anlauf erfolgte und dass die Gemeinde die 40 000 Franken des Quellenfonds für die Neuerschliessung zur Verfügung stellte. Die Bohrung wurde zur Zitterpartie mit erfolgreichem Ausgang. Am 5. September 1955 strömte Thermalwasser in nie erwarteter Fülle aus der Tiefe. Was für ein Bild! Eine heisse Quelle auf grüner Wiese inmitten von Obstbäumen und Schrebergärten. Nach einem Tag war das grosse, spontane Fest verraucht. Der Segen war da; das Konzept seiner Nutzung musste erst noch gefunden werden. Vier Jahrzehnte sind seither vergangen. Sie erlauben eine zusammenfassende Wertung der Ereignisse. Fürs erste drängte sich die Einrichtung eines Badprovisoriums auf. Schon nach wenigen Wochen war es in Betrieb und leistete über viele Jahre seine guten Dienste. 1956, im ersten vollen Betriebsjahr, wurde die unwahrscheinlich hohe Zahl von 282 000 Eintritten gezählt.

Auch der zweite Schritt erwies sich als richtig. Die Lage im Grünen, aber doch nicht weit vom Ortszentrum entfernt, bot ideale Voraussetzungen für eine ausgewogene Kurortplanung. Eine grosszügige Kurzone samt Kurparkareal wurde wesentlicher Bestandteil der neuen Ortsplanung. Und weil der Euphorie keine Grenzen gesetzt waren, sollte ein hochragendes Hotel samt Panoramarestaurant zum Wahrzeichen des modernen Kurorts werden.

Aber alles kam ein wenig zu rasch und schoss zu sehr ins Kraut. Die Quellenväter entzweiten sich, und ob der Zerstrittenheit kam der Weiterausbau über Jahre zum Erliegen. Der Turm, als Symbol des Aufschwungs gedacht, stand nun als hässliche Bauruine weithin sichtbar in der Landschaft. Der Streit der Aktionäre übertrug sich auf den Ort. Er wurde zusätzlich genährt durch die Absicht, sozusagen als Gegenpol zur Quelle auf der andern Seite des Fleckens eine mächtige Zementfabrik zu bauen. (Sie wurde dann zwei Kilometer ostwärts «verschoben».)

Was den Zeitgenossen als schlimmes Ärgernis zu schaffen machte, hat hinterher auch seine positiven Auswirkungen gehabt. Die Zwangspause wurde zur Denkpause. Die Bevölkerung konnte sich in Ruhe die Kurortzukunft überlegen, und die Verantwortlichen wurden davon abgehalten, aus dem Anfangserfolg heraus neben dem Turmhotel weitere fragwürdige Bauten in die Landschaft zu setzen. Sie mussten auch mühsam lernen, sich zusammenzuraufen, sich Abstriche an den eigenen Vorstellungen gefallen zu lassen. Nach Jahren der Zäsur kam der Weiterausbau wieder in Gang.

In einer neuen Etappe entstand als Pionierleistung die grosszügige Freiluft-Badeanlage. Die «Stiftung für Kuranlagen» schuf mit der Rheumaklinik die sinnvolle medizinische Ergänzung im Kurbetrieb. In der grossräumigen Kurzone rings um das Bad wuchs eine imposante Hotellerie mit vier Betrieben und gut sechshundert Betten. Ein Gestaltungsplan hatte beizeiten den Raster für eine geordnete bauliche Entwicklung geschaffen und auch die Grünzone zwischen Flecken und Bäderbezirk definiert. Um diesen Kurparkbereich entbrannte eine langwierige rechtliche Auseinandersetzung, die schliesslich zugunsten des Kurorts entschieden wurde. Es war ein verheissungsvolles Zeichen, als am Berührungspunkt von Flecken und Bäderbezirk das Kurgästehaus mit der Kurverwaltung entstand.

1980 beging man die Feier zum fünfundzwanzigjährigen Kurortbestehen im Bewusstsein, dass trotz aller Widrigkeiten ein erstaunliches Wegstück zurückgelegt worden war. Auch der Bevölkerung wurde mehr und mehr die wirtschaftliche Bedeutung des Badekurorts bewusst. In gleichem Masse nämlich, wie der Kurbetrieb seine Position festigte, geriet die alteingesessene Industrie in zunehmende Schwierigkeiten. Fast gänzlich verschwanden die Unternehmen der Schuh- und der Holzbranche. Triumph International stellte die Produktion ein, und in der traditionsreichen Schweizerischen Sodafabrik begann ein Schrumpfungsprozess, dessen Ende noch nicht abzusehen ist. Dass die Zahl der Arbeitsplätze im Gemeindegebiet trotzdem auf zweitausend blieb, war wesentlich dem Kurort zuzuschreiben.

Die Kurortentwicklung ist noch lange nicht abgeschlossen. Die zwei Vorzeigebereiche – Thermalbad und Rheumaklinik – haben Zurzach weiterhum in positivem Sinne bekannt gemacht. Für Badekuren oder Badeferien aber genügt die Infrastruktur noch nicht. Da bleibt noch ein weites Feld der geduldigen Aufbauarbeit. Der Kurort mit seinen vielen Passanten und Gästen, die Rheumaklinik mit ihren Patienten und die Einkaufszentren der Grossverteiler haben das Erscheinungsbild des Fleckens in wenigen Jahrzehnten völlig verändert. Im Zentrum herrscht gelegentlich so viele ortsfremde Betriebsamkeit, dass die Einheimischen Mühe haben, sich damit zurechtzufinden.

Das Freiluft-Thermalbad. Mit dieser Anlage machten die Bädergesellschaften den Schritt zum modernen Kurort.
Die hohen Wassertemperaturen des Thermalbads ermöglichen einen ganzjährigen Freiluftbetrieb.

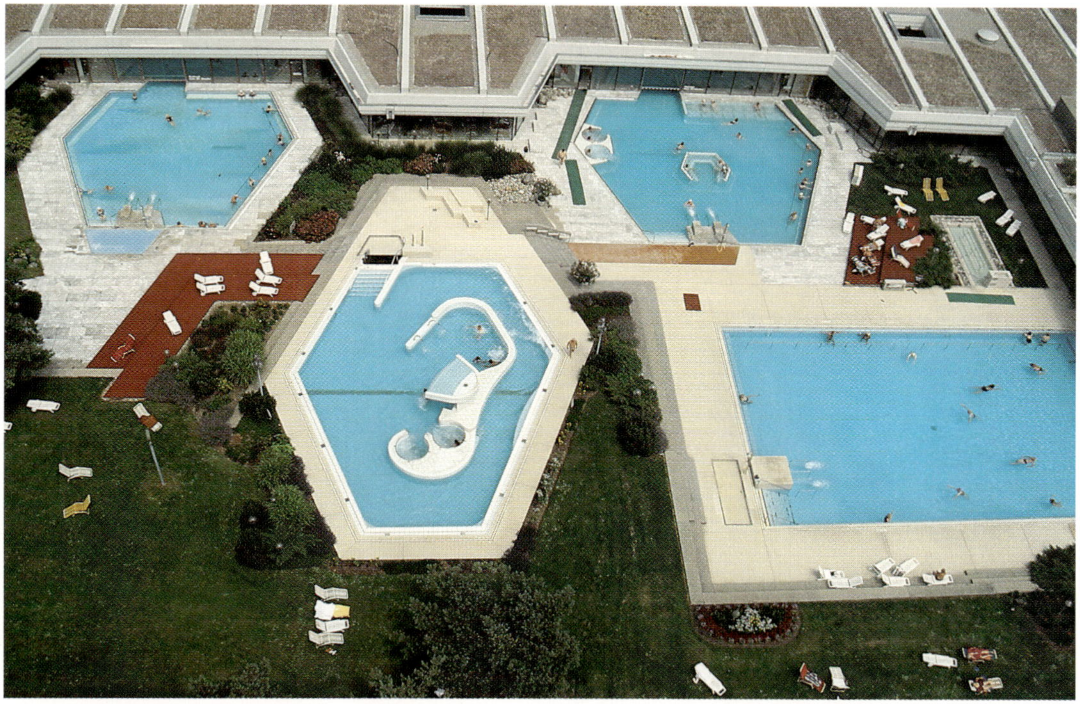

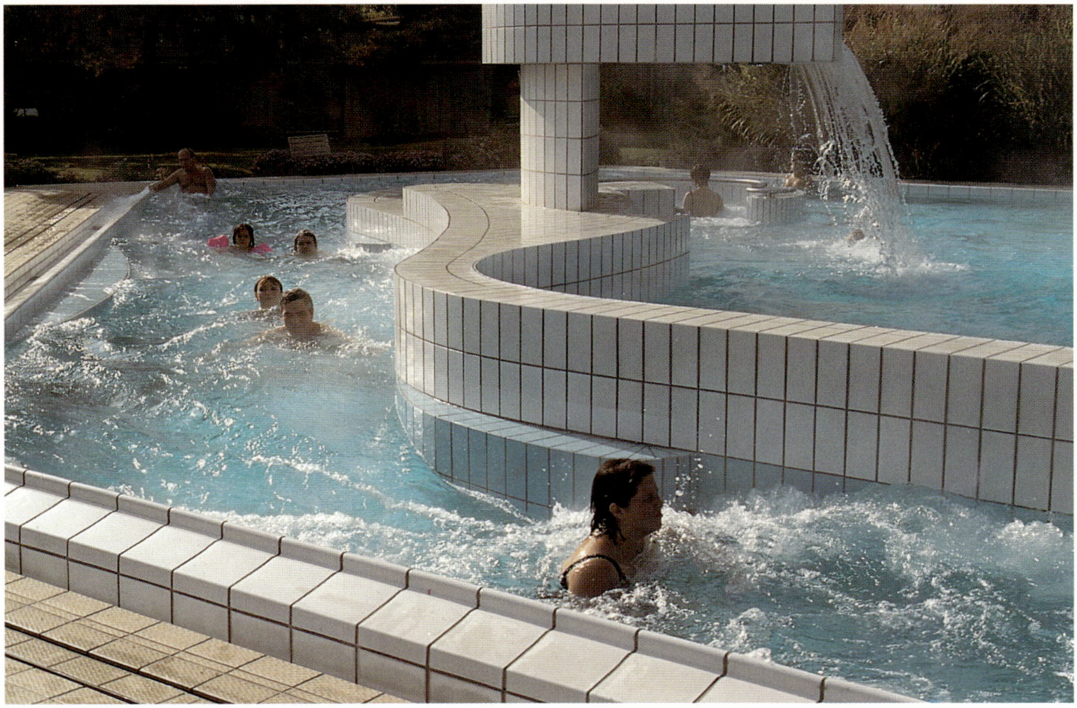

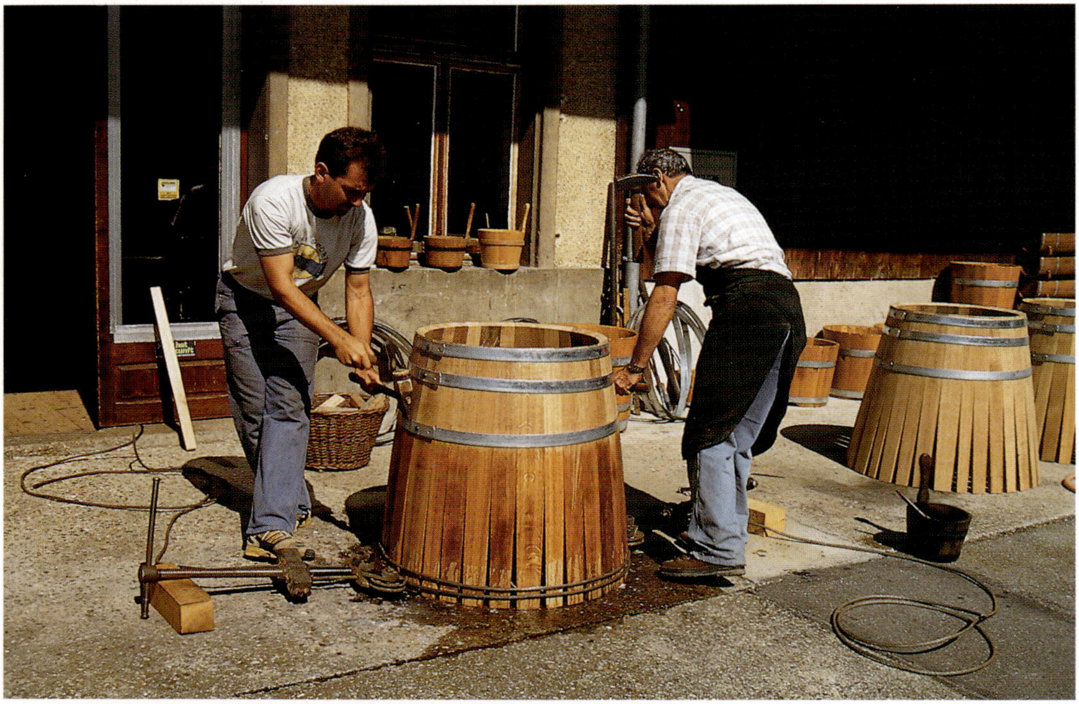

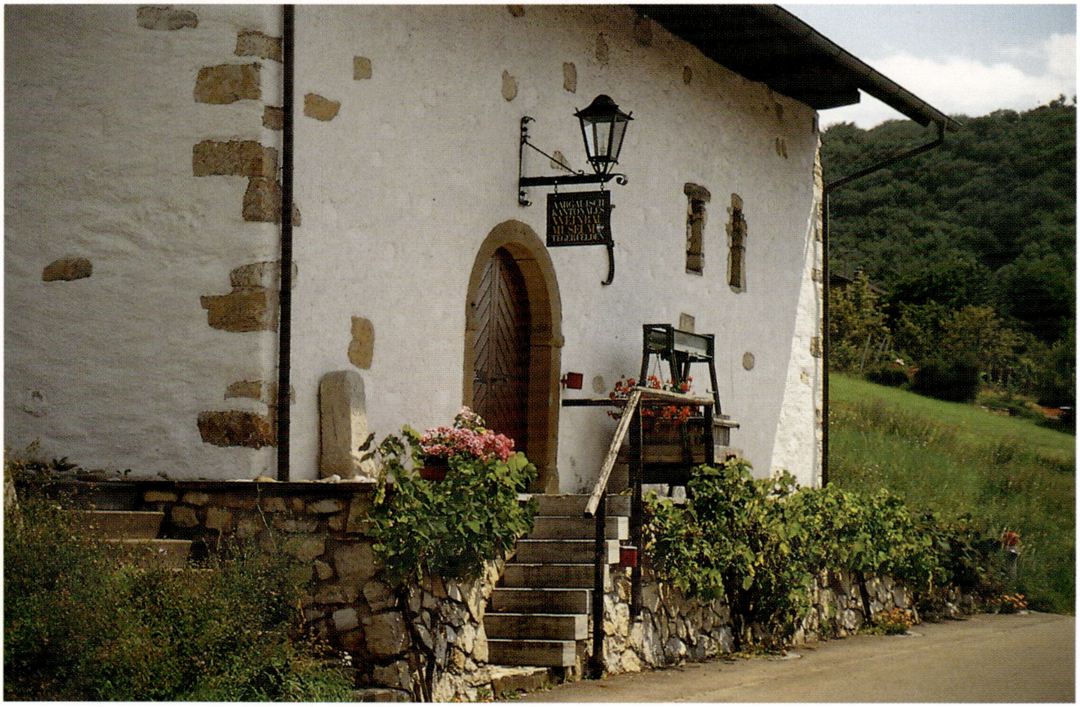

# Im Wein ist Wahrheit –
# die Wahrheit vom Wein

Der fünfzigste Breitengrad gilt als die magische Grenze des Weins. Jenseits dieser Linie braucht es eine besondere Gunst der Natur und die ausdauernde Hartnäckigkeit der Winzer, den Boden für den Weinbau zu nutzen. Dabei muss es stets die Herausforderung des Weinbaus gewesen sein, an diese Grenze zu gehen und den Widerwärtigkeiten der Natur ein Schnippchen zu schlagen. Die Weinbautradition nördlich der Alpen ging fugenlos von den Römern zu den Klöstern des Mittelalters und später als Ergänzung des bäuerlichen Dreifelderbaus in die Landwirtschaft über. Das mächtige Kloster Sankt Blasien im nahen Schwarzwald konnte in seiner Umgebung, in dem unwirtlichen Albtal, nicht an Weinbau denken. Aber es sicherte sich zeitig mit vielen günstigen Reblagen beidseits des Rheins ab. Zu seinem Eigentum gehörten viele Rebberge im Aaretal und im anschliessenden Surbtal.

Zeitgenössische Stiche und Karten belegen, dass die Rebflächen von eindrücklicher Grösse waren. Sie bedeckten die Sonnenhänge des Surb- und Aaretals. Rebhänge aber gab es auch im Chrüzlibach- und Tägerbachtal, ja sogar im wenig sonnenverwöhnten Rheintal. Kaiserstuhl und seine linksufrigen Nachbargemeinden behalfen sich auf ihre Weise, indem sie sonnige Reblagen auf dem rechten Rheinufer zwischen Hohentengen und Lienheim zusammenkauften.

Die Michaeliskarte von 1843 hält die beachtlichen Rebflächen des Zurzibiets fest. Auch wenn sie heute zu einem guten Teil verschwunden sind, lassen sie sich da und dort mit ihren typischen Parzellenformen im Gelände noch feststellen. Gelegentlich weisen auch heckenüberwucherte Mäuerchen oder gar verwilderte Rebstöcke auf die Weinbauvergangenheit hin. Vielerorts allerdings haben Güterregulierungen diese Spuren der Vergangenheit getilgt. Anders als in der Westschweiz war im Aargau der Weinbau nie ein Haupterwerbszweig. Er wurde als willkommener Zuverdienst zur kargen kleinbäuerlichen Landwirtschaft betrieben. Sobald es bei der übrigen Feldarbeit etwas Luft gab, mussten die Reben besorgt werden. Die Rebpflege war denkbar mühselig. Das Feldwegnetz war so unzulänglich, dass die Viehgespanne bestenfalls in die Nähe der Parzellen kamen. Das meiste war härteste Handarbeit. Mist und heruntergeschwemmte Erde mussten in den Steilhängen getragen werden. Mit dem blossen Karst gruben die Bäuerinnen die Erde um. Erst nach diesen vorbereitenden Arbeiten konnte die eigentliche Pflege der Rebstöcke beginnen. Die Erträge waren bescheiden, Missernten verhältnismässig häufig. In den Aargauer Dörfern konnte sich nie jene Weinkultur entwickeln, die etwa für die Westschweiz so typisch ist. Die Aargauer Weinbaudörfer haben sich nie durch bessere Dorfarchitektur oder kultivierteren Lebensstil von der Umgebung abgehoben. Die gekrümmten Rücken der Weinbäue-

Oben: Die Küferei von Gottlieb Anner, Tegerfelden, einer der letzten Handwerksbetriebe dieser Art.
Unten: Das Weinbaumuseum von Tegerfelden, Veranschaulichung der dorfeigenen Rebbaugeschichte.

Alle zwei Jahre trifft sich der Bezirk zum stimmungsvollen Tegerfelder «Wysonntig».

rinnen waren der Realität näher als die beschönigende Folklore der Winzerlieder.

Mehr als zweitausendfünfhundert Hektaren umfasste das aargauische Rebgebiet, bevor der grosse Einbruch geschah. Die Krisen folgten sich Schlag auf Schlag. Das internationale Eisenbahnnetz erlaubte die Einfuhr billiger und erst noch besserer Weine aus Frankreich und Italien. Zwei verheerende Rebkrankheiten traten auf: der Mehltau und die Reblaus. Gegen sie gab es keine wirksame Abwehr. Die aufkommende Industrialisierung im untern Aaretal hielt die Leute nicht mehr auf Gedeih und Verderben in der Abhängigkeit vom Weinbau. Die Rebenparzellen wurden zu Spottpreisen angeboten. Die vielen Trotten zerfielen oder wurden für andere Zwecke genutzt. Innerhalb von fünfzig Jahren ging der Rebbau im Kanton Aargau um das Neunfache zurück. Im Bezirk Zurzach hielt er sich mehr schlecht denn recht gerade noch in den Gemeinden Tegerfel-

den, Döttingen und Klingnau. Der zähen Ausdauer einiger Unentwegter war es zu verdanken, dass die Weinbautradition wenigstens auf kleinem Feuer wachgehalten wurde. Auf dieser bescheidenen Basis konnte später der Neubeginn gewagt werden. Besondere Verdienste kamen dabei dem lokalen Weinbaupionier Albert Meier vom «Sternen», Würenlingen, zu. Grundlage waren die Güterregulierungen mit vernünftigen Wegerschliessungen. An Sortenwahl, Pflege und Kelterung wurden viel höhere Anforderungen gestellt. Die Qualität wurde merklich gesteigert. Die Landweine wurden ihren schlechten Ruf los. Sie fanden eine breite und beständige Kundschaft.

# Von der Johanniterkommende zum Regionalspital Leuggern

Die weithin sichtbare Kirchen- und Spitalanlage Leuggern ist aus der Johanniterkommende hervorgegangen. Die Klosterbauten waren nach der Säkularisierung arg heruntergekommen. Die Kirchgemeinde Leuggern liess schliesslich die alte Stiftskirche abbrechen und ersetzte sie durch das heutige neugotische Gotteshaus. In die ehemaligen Wohn- und Ökonomiebauten teilten sich etliche Private. Der Hauptbesitzer, Oskar Keller, errichtete 1895 eine Stiftung, mit der er geschenkweise die Gebäulichkeiten mit siebenundzwanzig Aren Umgelände und einem Legat von 16 000 Franken für ein künftiges Spital einbrachte. In der Schenkungs- und Stiftungsurkunde heisst es: «Zur menschenwürdigen Pflege kranker und altersschwacher Personen sei im ehemaligen Ritterhaus der Johanniter-Comturei Leuggern für die Gemeinden Leuggern, Böttstein, Full-Reuenthal, Leibstadt und Döttingen ein Kranken- und Altersasyl zu erstellen.»

Der Stiftungszweck war damit gegeben. Er sprach allerdings fürs erste nur einen kleinen Kreis von Gemeinden an. Mit einer denkbar bescheidenen Ausstattung von fünfzehn Betten konnten 1897 die ersten Patienten aufgenommen werden. Schon nach kurzer Anlaufzeit ging der Pflegedienst in die Hände der Ingenbohler Ordensschwestern.

Die allgemeine medizinische Versorgung des Bezirks war auf bescheidenem Niveau. Fünf Ärzte genügten noch für lange Zeit, und die Einrichtungen des Spitals waren deutlich unter dem zeitgenössischen Standard.

Die fünf Gründergemeinden fühlten sich von der Aufgabe überfordert. Deshalb traten sie die Stiftung an die Gemeinnützige Gesellschaft ab, womit der ganze Bezirk in die Trägerschaft eingebunden war. Der in der Nachbarschaft ansässige Arzt nahm die Funktionen eines Spitalarztes wahr. Die Ärzte der Umgebung suchten gelegentlich ihre Patienten im Spital auf und schufen so die Ansätze zu einem Belegarztsystem. Bauliche Anpassungsarbeiten nahmen auf die historische Substanz wenig Rücksicht. Es war schon viel, dass die ursprüngliche Anlage wenigstens in ihren Grundrissen und im allgemeinen Erscheinungsbild annähernd erhalten blieb. Die sparsame Betriebsführung liess stets nur die nötigsten Sanierungen zu. Sie geschahen ohne Gesamtkonzept und erwiesen sich für die Arbeitsabläufe als ungünstig. Solange der Pflegedienst von Ordensfrauen wahrgenommen wurde, mochte das noch angehen. Doch die Klosterfrauen zogen sich 1970 wegen Personalmangels aus Leuggern zurück. In diesem Zeitpunkt waren die baulichen und betrieblichen Mängel drückend spürbar geworden. Das Regionalspital Leuggern fiel im Vergleich umso mehr ab, als in den andern Krankenhäusern des Kantons grosszügige Ausbauprogramme verwirklicht wurden. 1956 war in Leuggern mit dem kleinen Operationstrakt und der neuen Wöchnerinnenabteilung zum letzten Mal eine wesentliche bauliche Verbesserung vorgenommen worden. Alle übrigen fälligen Massnahmen wurden im Interesse einer umfassenden Gesamtüberholung zurückgestellt. Doch die liess auf sich warten. Hartnäckig hielt sich auch die Meinung, das kleine Regionalspital werde ohnehin über kurz oder lang vom neuen Kantonsspital Baden «geschluckt».

Die Thesen des aargauischen Gesundheitsdepartements von 1980 gaben den Regionalspitälern wieder Auftrieb. Sie wurden als Stützpunkte einer soliden medizinischen Basisversorgung definiert. Eine Analyse des Schweizerischen Krankenhausinstituts brachte die Situation des Regionalspitals Leuggern auf die nüchterne Formel: entweder sofortige Sanierung oder Aufhebung wegen Betriebsuntauglichkeit. Erst jetzt ging es vorwärts – aber noch langsam genug. 1991 schliesslich genehmigte der Grosse Rat auf Antrag des Regierungsrates das Projekt und den Baukredit von rund zweiundvierzig Millionen Franken. Auch dieser Entscheid sollte noch nicht die letzte Hürde sein. Doch allen Widerwärtigkeiten zum Trotz fuhren schliesslich im September 1993 die Baumaschinen auf. Bis 1997 werden die Patienten, das Pflegepersonal und die Ärzte mit den verschiedenen Bauetappen leben müssen. Diese Durststrecke wird dadurch erträglich, dass im Bezirk nun Gewissheit besteht, ab 1997 ein modernes Spital für die medizinische Grundversorgung zu haben.

Oben: Das heutige Erscheinungsbild der ehemaligen Johanniterkommende Leuggern. Die Anlage umfasst Pfarrkirche und Regionalspital. Unten: Die Lourdes-Grotte zwischen Leuggern und Hettenschwil, ein kleines Abbild des grossen Wallfahrtsortes in den Pyrenäen.

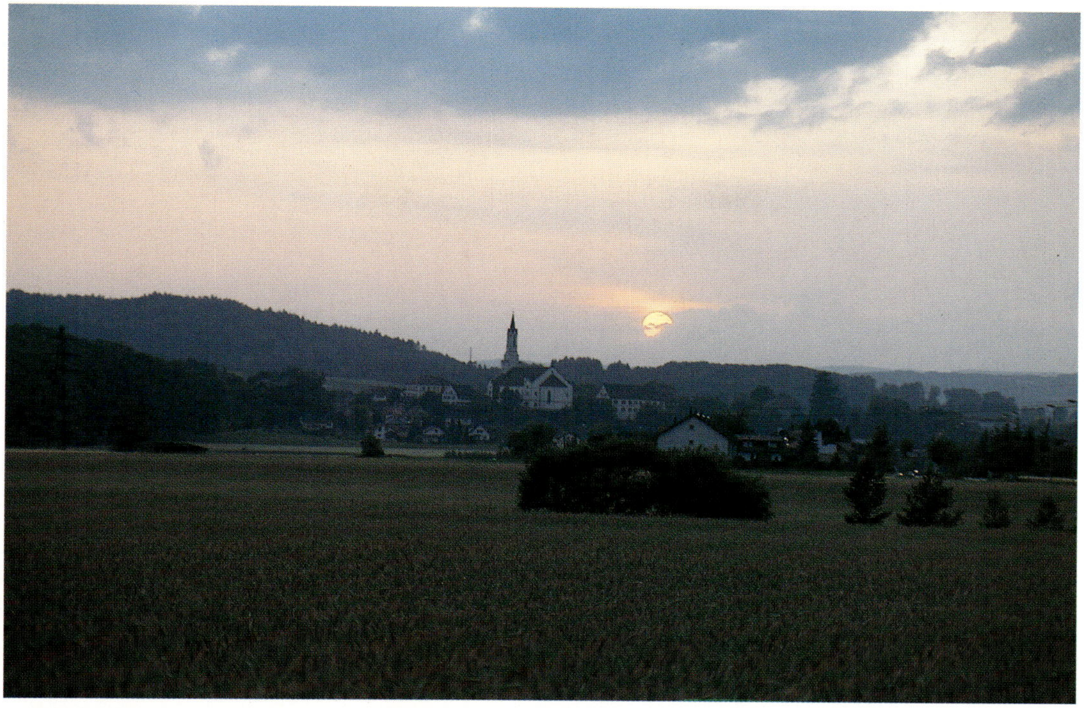

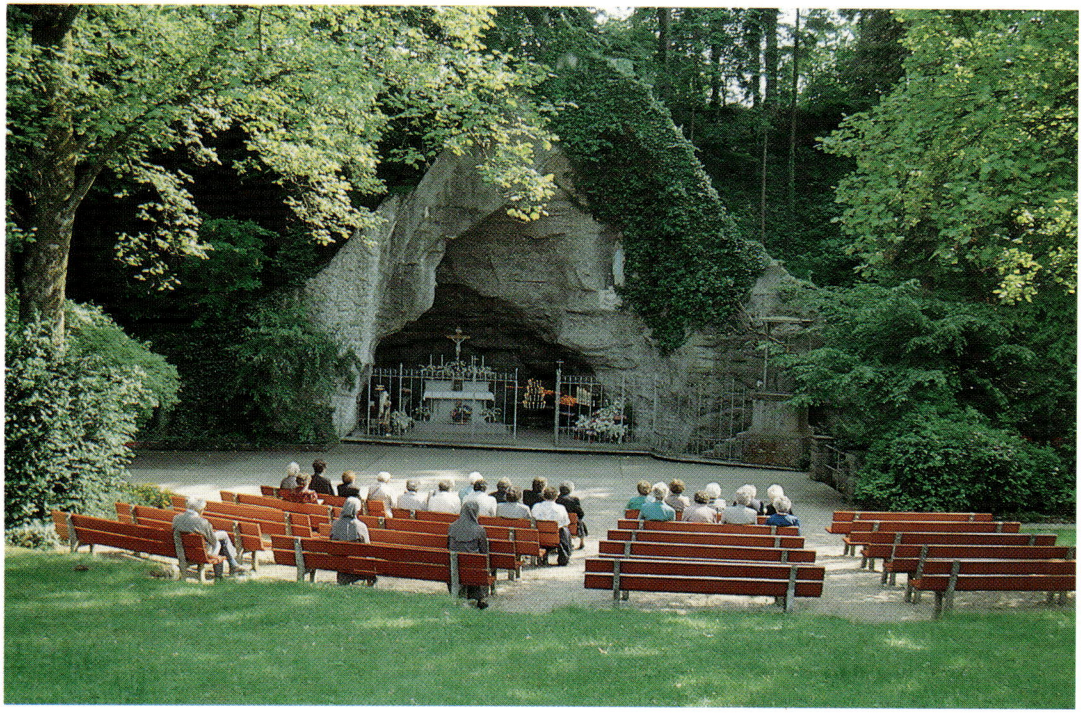

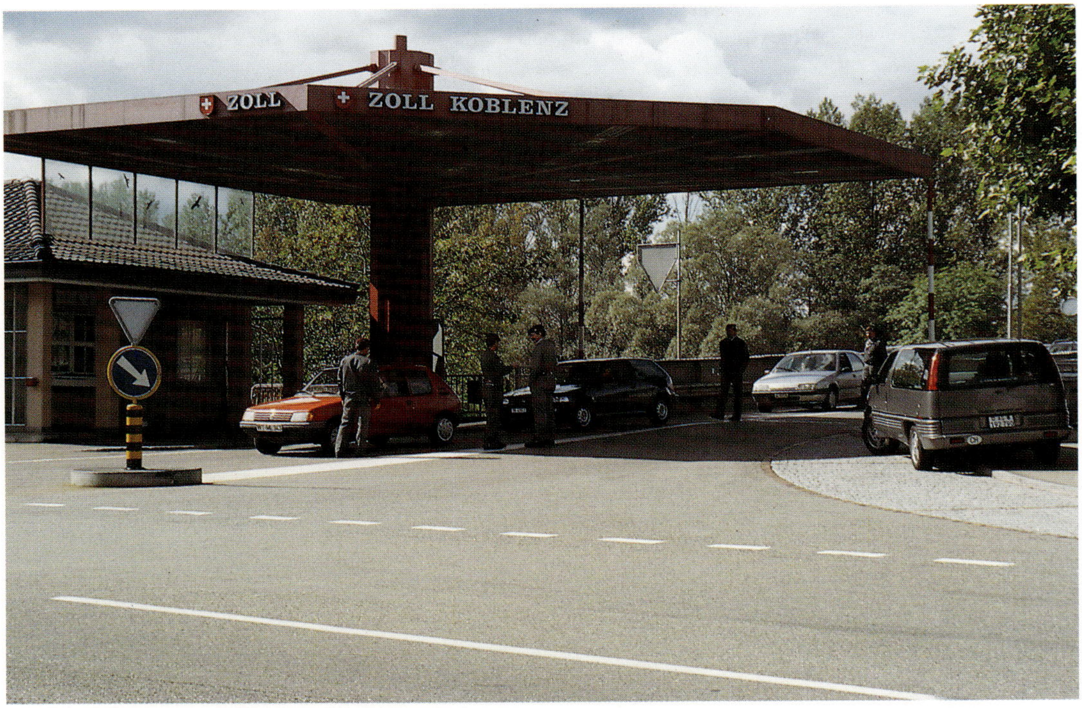
ZOLL
ZOLL KOBLENZ

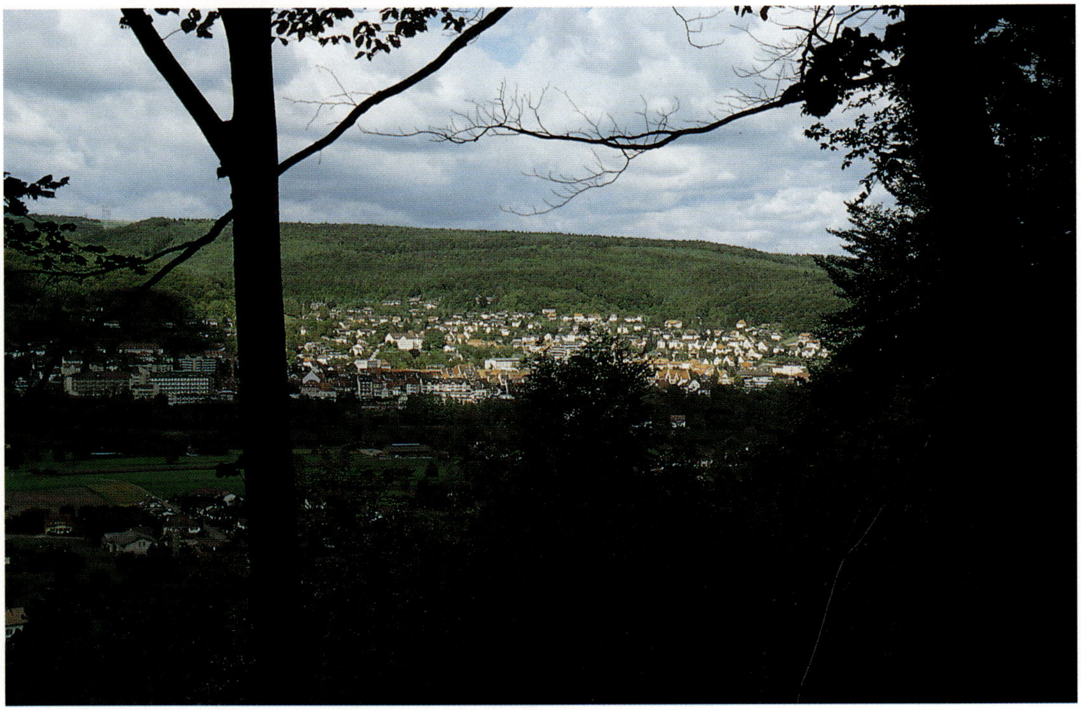

# Nachbarschaft zu Deutschland

Die deutsch-schweizerische Landesgrenze am Hochrhein ist geschichtlicher Zufall. Die früheren Besiedlungen durch Kelten, Römer und Germanen haben immer beide Stromseiten einbezogen. Das Tal wird auch heute noch von Menschen gleichen Ursprungs bewohnt; die soziale, wirtschaftliche und kulturelle Entwicklung hat viele gemeinsame Züge bewahrt. Die Eidgenossen warfen in den Zeiten ihrer Grossmachtgelüste begierige Blicke über den Rhein. Zu den schweizerischen Brückenköpfen des Rafzer Feldes und Schaffhausens hätten sich sehr wohl weitere im aargauischen Grenzland anreihen können. Aber die Belagerungen der rheinischen Waldstädte von Rheinfelden bis Waldshut im Jahr 1468 wurden so chaotisch betrieben, dass es bei der Stromgrenze blieb. So können denn die Waldshuter alljährlich mit ihrer Chilbi die missratene Belagerung ihrer Stadt durch die wilden Kriegshorden der Eidgenossen feiern. Das Klettgau erlebte im Schwabenkrieg eine kurzlebige eidgenössische Besetzung, die allerdings nicht dazu angetan war, den Schweizern bei der Bevölkerung Respekt und Sympathie zu verschaffen. Schon vom Mittelalter an griff das mächtige Kloster Sankt Blasien aus dem Schwarzwald über den Rhein und wurde mit seinem grossflächigen Grundbesitz und den beiden Propsteien von Klingnau und Wislikofen zum bestimmenden Machtfaktor. Daran rüttelten auch die Landvögte nicht, die ab 1415 im Namen der Acht Alten Orte und später im Namen der Dreizehnörtigen Eidgenossenschaft die Gemeine Herrschaft des Zurzibiets verwalteten.

Erst das napoleonische Machtwort der Mediation mit der Gründung des Kantons Aargau hat den Rhein zur definitiven Landesgrenze gemacht. Bis 1871 lebte der Kanton Aargau in guter Nachbarschaft zum Grossherzogtum Baden, dessen politische Zuständigkeit dann durch das Deutsche Kaiserreich abgelöst wurde.

Jahrhundertwende am Hochrhein, ein Bild idyllischer Abgeschiedenheit. Es gab noch keine Rheinbrücke in Zurzach, auch keine in Koblenz. Wer über den Strom wollte, hielt sich an die Fähren von Zurzach, Koblenz oder Full. Die Fährleute hatten sich nicht über mangelnde Arbeit zu beklagen. Am deutschen Ufer standen die kaiserlichen Zollbeamten in blauer Uniform. Persönliche Ausweise brauchte es nicht, aber die Waren mussten ordnungsgemäss verzollt werden.

Die Zurzacher machten ihren Sonntagsspaziergang ins Badische. Sie bewegten sich im Dreieck Deutsch-Reckingen, Küssaburg und Kadelburg. Die sonnigere Talseite und der Reiz des Auslands lockten. Das Badische hatte seine kleinen reizvollen Besonderheiten. Die Kinder freuten sich auf das billige Zuckerwasser, das sie im «Hirschen» Kadelburg für fünf Pfennige die zwei Liter bekamen.

Oben: Der wichtige Grenzübergang von Koblenz. Tausende von Grenzgängern passieren ihn täglich.
Unten: Blick auf die benachbarte Kreisstadt Waldshut-Tiengen. Mit ihrem Einkaufs- und Freizeitangebot greift sie auch tief ins Alltagsleben der Schweizer.

Staunend erlebten die Zurzacher den längst herbeigewünschten Brückenbau beim Zoll. Er knüpfte an die alte Römertradition an. Das Bauwerk gelang zwar erst im zweiten Anlauf, weil ein Hochwasser die halbfertige Brücke weggerissen hatte. Noch zeitig vor dem Weltkrieg konnte das Bauwerk eingeweiht werden. Zu Kriegsbeginn war ferner Kanonendonner aus dem Elsass zu hören. Das Kampfgeschehen aber verlagerte sich rasch hinein nach Frankreich. Im Grenzbereich am Hochrhein blieb äusserlich alles unverändert. Die Grenzen waren fast während des ganzen Krieges offen. Der Sonntagsspaziergang ins Badische gehörte weiterhin zu den familiären Gepflogenheiten. Aber das Kriegsunheil war doch allgegenwärtig. Eine ganze Männergeneration fehlte, und die bange Frage der Schweizer Spaziergänger nach ihrem Schicksal löste Tränen der Angst oder der Trauer aus. Das Kriegsgeschehen wurde auch auf Schweizer Seite gelegentlich hautnah erlebt, etwa dann, wenn russische Kriegsgefangene unter Lebensgefahr den Rhein durchschwammen.

Das Hungerjahr 1917 war in der bäuerlich strukturierten deutschen Nachbarschaft weniger spürbar. Der diskrete Güteraustausch des kleinen Grenzverkehrs vermochte viele Lücken zu stopfen. Die Siegeszuversicht aber war längst verschwunden. In Zurzach gab es einen deutschen Kleinwarenhändler, der seiner Kundschaft stets zuversichtlich verkündete: «Globsch, die Ditsche ginned's». Ab 1917 stellte er seine Prognose ein. Der Zurzacher Arzt Dr. Attenhofer war mit Ross und Wagen mindestens so oft im Badischen unterwegs wie in der Schweiz. Sein Kundenkreis reichte bis ins fünfzehn Kilometer nördlich von Zurzach gelegene Ühlingen. Auf dem Arbeitsmarkt ging der Grenzgängerverkehr Richtung Deutschland. Weil die deutschen Männer fehlten, waren die Schweizer sehr gefragt. Die Lonza-Werke, damals Karbidfabrik genannt, zogen für ihre Kriegsproduktion viele Arbeitskräfte aus dem schweizerischen Grenzraum an. Es gab deshalb sogar eine innerschweizerische Migration aus wirtschaftsschwachen Gebieten in die aargauische Grenzregion.

Die zwanziger Jahre blieben hart. Die schweizerischen Grenzanwohner profitierten vom deutschen Währungszusammenbruch. Für wenige Schweizer Franken konnte man in Waldshut fürstlich einkaufen. Schon damals entwickelte sich die Kreisstadt zum grenzübergreifenden Einkaufszentrum. Was die Kaiserstrasse an Konsum und Dienstleistungen anzubieten hatte, galt als das Beste.

Zum Bild des kleinen Grenzverkehrs gehört auch die jahrzehntelange Schulbeziehung über den Rhein. In den deutschen Dörfern gab es nur das Angebot einer elementaren Volksschulbildung. Wer nach Höherem strebte, musste den langen Weg nach Waldshut oder an eine aargauische Bezirksschule wagen. Ein Grüpplein Badenser gehörte denn auch stets zum festen Bestand der Bezirksschulen Zurzach und Kaiserstuhl. Sie waren an ihrer Sprache leicht zu erkennen, und auch in der Schreibweise behielten sie die deutschen Besonderheiten. Wer in die Schweiz zur Schule durfte, von dem erwartete die Familie besondere Leistungen. Niemand nahm Anstoss daran, dass die deutschen Bezirksschüler mit ihren feldgrauen Kadettenuniformen über die Rheinbrücke pendelten.

Das Jahr 1933 markierte den Abschied von der Idylle. Schon kurz nach der Machtübernahme Hitlers tauchten die ersten braunen Uniformträger an den Rheinbrücken auf. Jetzt wurden die Ausweise obligatorisch. Die Zollbeamten kontrollierten wie bis anhin die mitgeführten Waren. Der Mann in Braun aber nahm den Ausweis, pflegte einen forschen bis arroganten Ton und wies ohne weitere Erklärungen Grenzgänger zurück. Die Leute in der Nachbarschaft wurden vorsichtiger. Es sprach sich auf der Schweizer Seite herum, dass ein harmloser Arbeiter und Sozialdemokrat aus Dangstetten wegen einer unvorsichtigen Äusserung zu fünf Jahren Gefängnis verurteilt wurde. Die Angst ging um. Die Nationalsozialisten entdeckten auch rasch die Küssaburg als geeigneten Schauplatz ihres Germanenkults. Jugendlager und Aufmärsche wurden vor der Ruinenkulisse organisiert.

Der Zweite Weltkrieg war viel einschneidender als der Erste. Mit dem ideologischen Hintergrund lief er auf Konfrontation und Bedrohung hinaus. Die schweizerischen Grenzanwohner lebten nun für Jahre hinter Stacheldrahtverhauen, Bunkerlinien, Feldbefestigungen und Strassensperren. Die Rheinbrücken waren hermetisch abgeriegelt. Der Grenzschutz übte den Abwehrkampf, die Bevölkerung die Evakuation. In den Maitagen 1940 schien der deutsche Einmarsch unmittelbar bevorzustehen. Die Leute waren gefasst, aber auch voller böser Ahnungen. Die deutsche Armee hatte zu diesem Zeitpunkt schon einige Proben ihrer Stärke gegeben.

Die Schweizer hatten Glück, indem sie einmal mehr Zaungäste des Krieges blieben; diesmal allerdings mit vielen unmittelbaren Berührungspunkten zum Kampfgeschehen. Im Zeichen des totalen Bombenkrieges galt der neutrale Luftraum nicht mehr viel. Bomben fielen denn auch gelegentlich auf die schweizerische Grenzzone. Aber diese Grenzverletzungen blieben harmlos, verglichen mit den bis zu uns hörbaren Grossangriffen auf Freiburg, Stuttgart und Friedrichshafen. Für Aufregung sorgte dann noch der französische Vormarsch in den letzten Apriltagen 1945. Deutsche und schweizerische Instanzen mussten darauf bedacht sein, dass in der Untergangsstimmung nicht zusätzlich sinnlose Zerstörungen angerichtet wurden. Die Veteranen der Grenzbesetzung wissen einiges darüber zu berichten, wobei aber auch schon das üppige Rankenwerk der Legende gedeiht. In der unmittelbaren Nachkriegszeit war die Versorgung der deutschen Bevölkerung sehr schlecht. In dieser entbehrungsreichen Zeit kam schon früh wieder die grenzüberschreitende Solidarität zum Tragen. Gezielte Hilfsaktionen trugen dazu bei, wenigstens die Not der Kinder zu lindern. Daneben gab es hüben und drüben die unvermeidlichen Kriegsgewinnler, die über die französische Besatzungsmacht ihre unlauteren Geschäfte tätigten.

Schon früh in den fünfziger Jahren begann die Wiederbelebung des Arbeitsmarktes über die Grenze. Im Grunde genommen wurde nur eine alte Tradition wieder aufgenommen. Von den kinderreichen Schwarzwaldfamilien waren schon immer Burschen und Mädchen auf Arbeitssuche in die Schweiz gekommen. Sie galten als anstellig und zupackend und fanden deshalb in der Landwirtschaft und im Gastgewerbe Unterschlupf. Die zahlreichen Schweizer Bauern, die eine Schwarzwälderin zur Frau nahmen, hatten ihre Wahl nicht zu bereuen.

Für die Schweizer Industrie ging die Kriegswirtschaft nahtlos in die Hochkonjunktur über. Viele Nachholbedürfnisse galt es zu stillen, und die unversehrte Schweizer Industrie konnte die Chance nutzen. Nach dem Abzug der Besatzungsmächte, der erfolgreichen Währungsreform und der Gründung der Bundesrepublik stabilisierten sich die Verhältnisse. Das industrielle Wirtschaftswunder aber fand im Raum Waldshut nicht statt. Das schon vor dem Krieg wirtschaftsschwache Randgebiet schien als Industriestandort uninteressant zu bleiben. Das war nicht zuletzt der Grenzgängersituation zuzuschreiben. Bei den Abwerbegelüsten einer starken Schweizer In-

Folgende Doppelseite:
Ausblick von der Küssaburg ins Rheintal und ins Studenland. Die mächtige Anlage wurde im Dreissigjährigen Krieg zerstört.

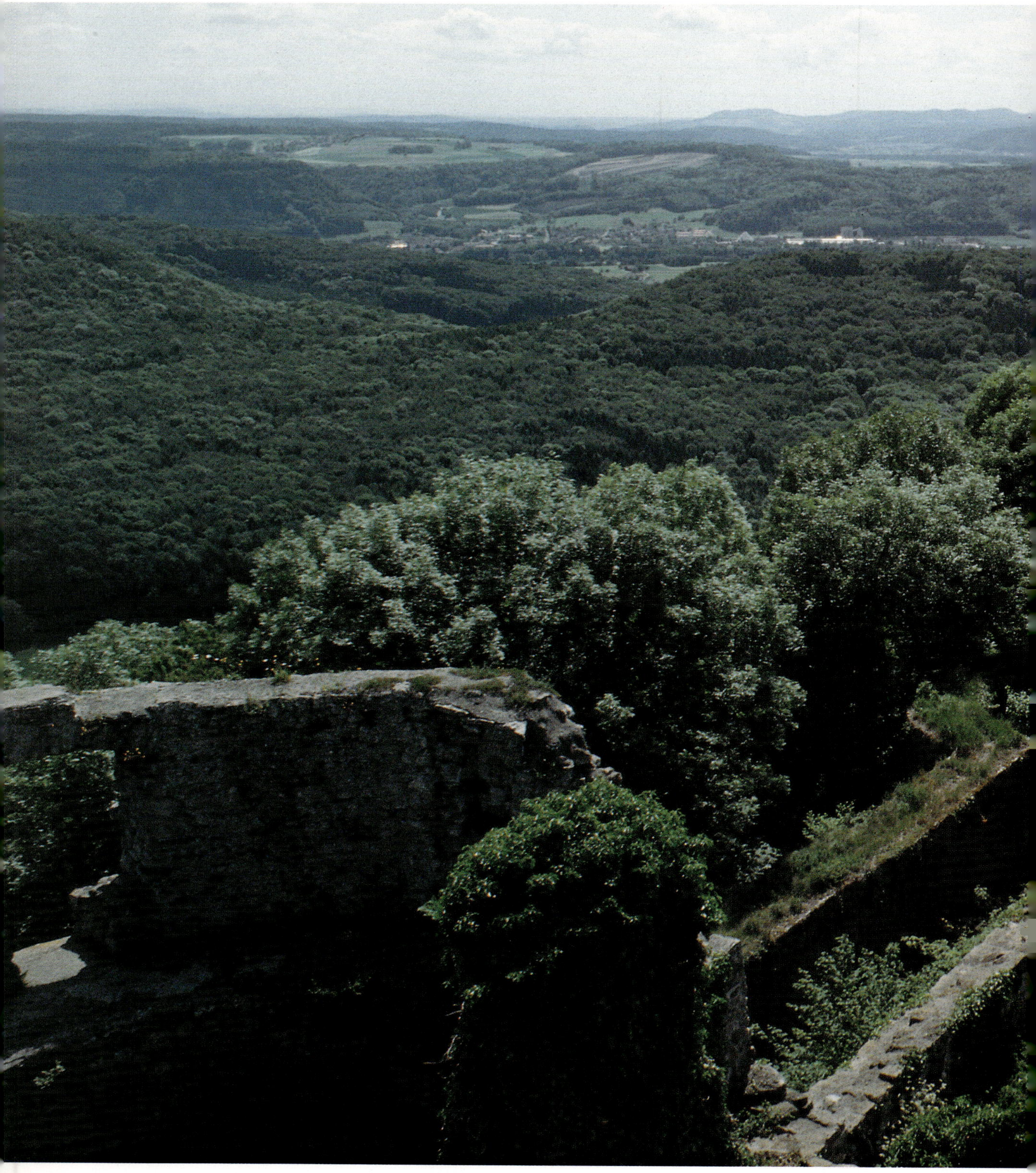

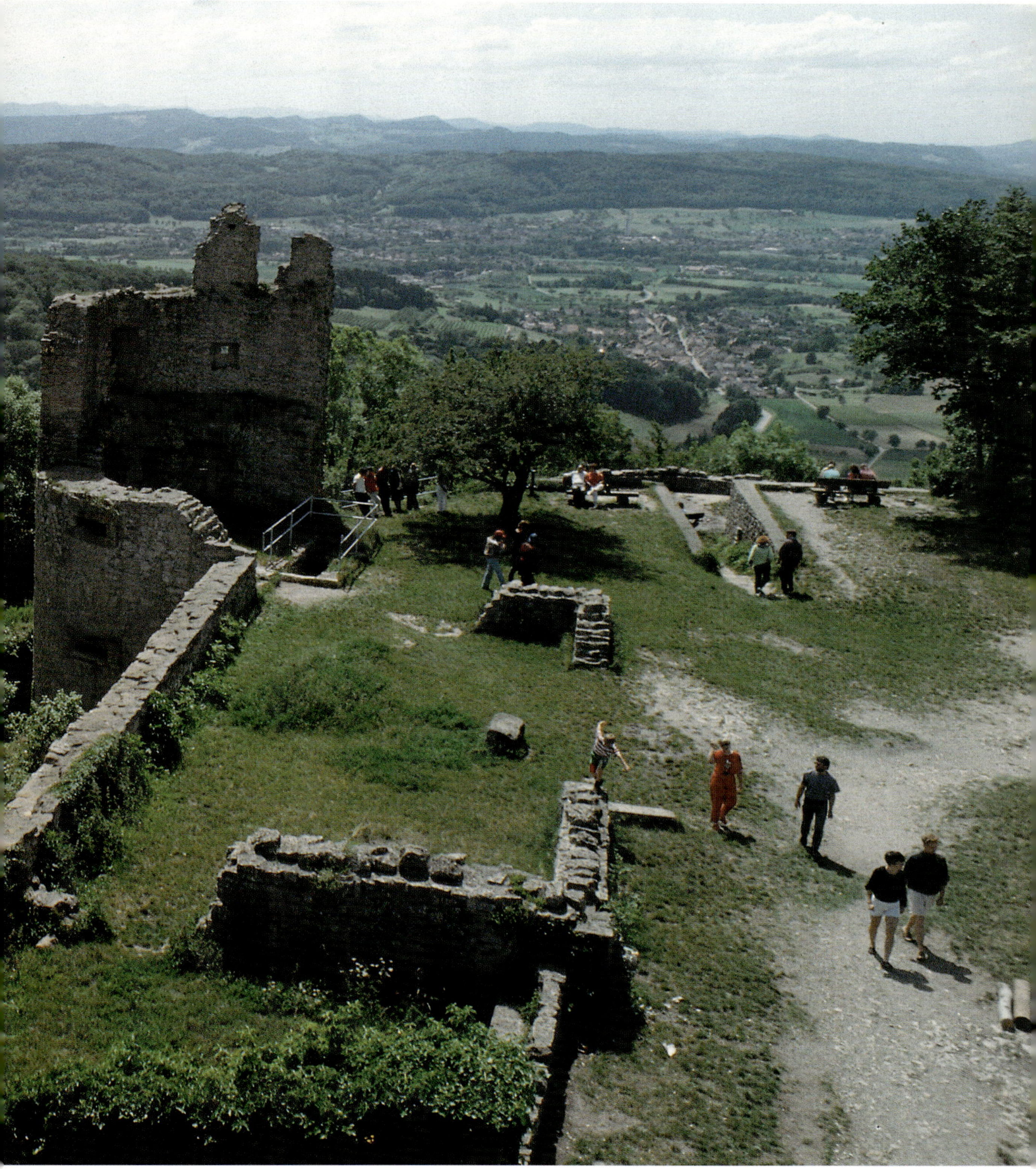

dustrie lockte es die deutschen Unternehmer wenig, sich am Hochrhein niederzulassen. Die politischen Instanzen des Landkreises Waldshut beobachteten die Entwicklung mit begreiflicher Sorge. Sie setzten sich deshalb in der Folge auch viel mehr als ihre schweizerischen Nachbarn für die Schiffbarmachung des Hochrheins ein. Nachdem die BRD die grossen Projekte Mosel, Main und Neckar realisiert hatte, schien es den Deutschen am Rhein nur natürlich, auch die Schiffahrtsverbindung Basel–Bodensee anzustreben. Die Wirtschaftskrise der siebziger Jahre zeigte mit aller Deutlichkeit auch die Kehrseite des Grenzgängertums. Die Deutschen bekamen es da und dort zu spüren, dass sie auf dem schweizerischen Arbeitsmarkt als Manövriermasse gehandelt wurden, die man nach Bedarf einsetzen oder abschieben konnte.

1970 führte das CDU-regierte Land Baden-Württemberg eine Gemeindereform durch, die in ihrer Radikalität in der Schweiz nicht auszudenken wäre. Ihr Kernstück war die Zusammenfassung von Landgemeinden, aber auch von Städten zu grösseren Verwaltungseinheiten. Man versprach zwar, dass die Eigenheiten der einzelnen Ortsteile im volkstümlich-kulturellen Bereich weiterhin gepflegt würden. Andererseits könnten aber die politisch-administrativen Belange nicht mehr von Zwerggemeinden selbständig wahrgenommen werden. In der Nachbarschaft Zurzachs gab es die Landgemeinden Kadelburg/Ettikon, Rheinheim, Dangstetten, Bechtersbohl, Küssnach und Reckingen. Daraus machte die Gemeindereform zum Ärger der betroffenen Einwohner die Sammelkommune Küssaberg. Der Landkreis umfasst 1131 Quadratkilometer. Er reicht von Bad-Säckingen im Westen bis Jestetten im Osten, bis zum Herzogenhorn und zur Rothausbrauerei im Norden. Im Süden folgt die Kreis- und Landesgrenze dem Rhein bis Hohentengen, umschliesst dann das Rafzerfeld und das schaffhausische Buchberg. Von der Landeshauptstadt Stuttgart aus gesehen, ist der Landkreis ein Zwerg hinter den sieben Bergen. Die 155 000 Einwohner sind gut eineinhalb Prozent der rund zehn Millionen Landesbewohner, und die 1131 Quadratkilometer machen gerade drei Prozent des Bundeslandes aus. Der Landkreis liegt in den südöstlichen Ausläufern des Schwarzwalds, daher auch sein hoher Forstanteil von 48 Prozent. Die Quote der landwirtschaftlichen Bevölkerung ist extrem rückläufig, sogar noch etwas grösser als im Landesdurchschnitt. Die Anzahl der Arbeitsstätten in der Produktion und im Dienstleistungsbereich bewegt sich unter den Vergleichszahlen des Landes. Mit einer Arbeitslosenzahl von acht Prozent ist der Landkreis im Mittelfeld. In der Berechnung werden die Grenzgänger allerdings nicht berücksichtigt.

In den höheren Regionen des Landkreises von Bonndorf über Höchenschwand nach Sankt Blasien gehört der Fremdenverkehr zu den wichtigsten Einnahmequellen. Spitzenreiter dürfte das kleine Menzenschwand sein, das fast seine gesamte Wirtschaft auf den Tourismus eingestellt hat. Zum Zielpublikum des Schwarzwaldtourismus gehören auch die Schweizer. Sie haben in den letzten Jahren vermehrt die landschaftlichen Reize für Kurzferien und Tagesausflüge entdeckt. Bis jetzt ist es den Schwarzwäldern auch einigermassen gelungen, die Tourismus-Ökonomie mit der Ökologie in Einklang zu halten. Zwar scheuen sich die Schweizer Schwarzwaldausflügler vor dem Koblenzer Zoll-Nadelöhr, und wenn sie über Zurzach oder Kaiserstuhl ausweichen wollen, stellen sie zu ihrer bösen Überraschung fest, dass viele vor ihnen gleiche Überlegungen gemacht haben.

Die Vorstellung von der Idylle des kleinen Grenzverkehrs verwandelt sich spätestens im Stau vor den Schlagbäumen zum Albtraum.

Schliesslich sind nicht nur Touristen unterwegs zum Schwarzwald, auch der Einkaufsverkehr rollt, vornehmlich Richtung Waldshut. Die Stadt hat sich zum Einkaufsrenner für Aargauer und Zürcher entwickelt. Auf ihre Grösse bezogen, figuriert sie in der Statistik als einsame Einkaufsspitze. Auch der internationale Schwerverkehr mit seinen Vierzig-Tonnen-Einschränkungen und dem schweizerischen Toleranzradius von zehn Kilometern hat den Koblenzer Zoll als Einfallstor zur Schweiz entdeckt. Und die Zahl der in der Schweiz arbeitenden deutschen Grenzgänger wächst und wächst. Waren es 1970 noch ungefähr dreitausend Deutsche, deren täglicher Arbeitsweg in die Schweiz führte, dürfte in der Zwischenzeit die Zehntausender-Grenze überschritten sein. Aus den Sammeltransporten von einst ist «dank» gleitender Arbeitszeit ein sprunghaft gestiegener Individualverkehr geworden. Der öffentliche Verkehr hat keine Alternative anzubieten. Der Schienenverkehr Waldshut–Koblenz–Baden böte sich an, aber die denkmalgeschützte Koblenzer Eisenbahnbrücke hält angeblich keine ordentliche Zugsbelastung aus.

So ist der Grenzverkehr zur eigentlichen Crux geworden. Er hat mit seinen Schleichwegen und seiner allgemeinen Feierabend-Aggressivität die Missstimmungen in den Dörfern hüben und drüben eingeheizt. Auf deutscher Seite soll die Hochrheinautobahn, die A98, Luft schaffen. Aber sie ist umstritten, und alle ihre vorgeschlagenen Varianten können keinen vernünftigen Anschluss an die Schweiz aufzeigen.

Weiterer Stein des Anstosses sind die Risikobetriebe in der schweizerischen Grenzregion. Die Deutschen rechnen dazu das Kernkraftwerk Leibstadt, die Kernkraftwerke Beznau I und II, das Projekt Zwischenlagerung leicht radioaktiver Abfälle in Würenlingen, die Altholzverbrennung im Cementwerk Rekingen, die Nagra-Bohrungen im Rhein- und Aaretal. Die deutschen Nachbarn sehen sich in der Rolle der ohnmächtigen Zuschauer, die mit ihren Ängsten von der Schweizer Seite nicht genügend ernst genommen werden. Zweitausend Unterschriften hat der deutsche Umweltschutzverband Hochrhein gegen das Projekt der Altholzverbrennung in den Gemeinden Küssaberg und Hohentengen gesammelt. Es sind nicht zufällig die gleichen Gemeinden, die auch vom Fluglärm der Anflugschneise Kloten betroffen sind. Irrationale Ängste mischen sich mit berechtigten Sorgen. Widersprüche tun sich auf. Das wirtschaftliche Wohlergehen der deutschen Seite hängt zu einem guten Teil auch an den Arbeitsplätzen des angeblichen aargauischen Risikopotentials. Mehr als dreissig Prozent der Erwerbstätigen aus Küssaberg und Hohentengen verdienen ihr Brot in der Schweiz, und kaum irgendwo im Land ist die Ökobilanz so schlecht wie beim PKW-Anteil in diesen beiden Protestgemeinden, denn sie bringen es auf über sechshundert Privatautos auf tausend Einwohner.

Die Gesamtbilanz des kleinen Grenzverkehrs zeigt Licht und Schatten. Das Zusammenleben über die Landesgrenze hinweg hat im 20. Jahrhundert kaum Fortschritte gemacht. Das ist nur zum Teil dem nationalsozialistischen Spuk zuzuschreiben. Das gemeinsame Traditionsbewusstsein verblasst; die Bürokratie an den Schlagbäumen ist gewachsen. Die Bevölkerungsstruktur der deutschen Nachbarschaft ist durch die Flüchtlingswelle der Nachkriegszeit durcheinander geraten. Dabei könnte die Grenzlage stets von neuem eine Chance sein, ein lokales, grenzübergreifendes Wir-Gefühl entstehen zu lassen. Es könnte eine Talschaftssolidarität sein, die Jura und Schwarzwald nicht nur räumlich, sondern auch im Denken, Fühlen und Handeln der Bevölkerung zusammenrückte.

# Ein Stück Maginotlinie in Full-Reuenthal

Als sich 1933 die politischen Verhältnisse im Nachbarland schlagartig änderten und der Nationalsozialismus den aggressiven Militarismus neu belebte, blieb das nicht ohne Folgen für das schweizerische Grenzgebiet am Rhein. Deutschland war zur politisch-militärischen Bedrohung geworden. Daraus ergaben sich Konsequenzen für das Abwehrsystem an der Rheinlinie. Die Aaremündung gehörte damals in den Kommandobereich des Obersten und späteren Divisionärs Eugen Bircher. Er war einer der wenigen Milizoffiziere, die die grossen internationalen Zusammenhänge kannten und sich mit der Analyse der Schlachten des Ersten Weltkriegs auseinandersetzten. Eugen Bircher betrieb diese Studien nicht nur aus historischem Interesse. Die Einsichten versuchte er als Regimentskommandant zeitgerecht umzusetzen. In seiner Interpretation neigte er zur französischen Lagebeurteilung, die ihren Niederschlag in der Maginotlinie fand. Man ging also von der Fortsetzung des Stellungskriegs aus, der aber in Zukunft grossflächiger und perfektionierter ausgetragen würde.

Als praktische Konsequenz forderte Eugen Bircher für seinen Abschnitt den Bau der Festung Full-Reuenthal. Das mochte auf Anhieb überraschen, denn bislang hatten sich die Abwehrüberlegungen ganz auf das eigentliche Wassertor als Zugang zum schweizerischen Mittelland konzentriert. Eugen Bircher wies mit Nachdruck auf eine zusätzliche Schwachstelle hin, auf die man kaum aufmerksam geworden war, das Kraftwerk Albbruck-Dogern. Der auf deutscher Seite liegende Kanal hätte eine völlige Trockenlegung des Strombettes ermöglicht, was sich bei einem überraschenden Angriff verhängnisvoll hätte auswirken können. Mit der Festung Reuenthal würde das notwendige Gegengewicht geschaffen. Die Argumentation Birchers leuchtete ein. Schon 1937 begannen die Bauarbeiten an dieser einzigen grösseren Festung am Hochrhein. Noch bevor der Krieg ausbrach, war das Werk betriebsbereit.

Es enthielt Unterkünfte für gut hundert Mann Besatzung, dazu Geschützstände für zwei Bunkerkanonen, Einsatzmöglichkeiten für vier Maschinengewehre und vier leichte Maschinengewehre, zwei Verbindungsstollen von über zweihundert Metern Länge, Notausgänge und Aussenbunker. Im Lauf der Aktivdienstzeit wurden die Aussenanlagen erweitert und verstärkt. Die Munitionsvorräte waren beträchtlich. Achttausend Granaten, mehr als hunderttausend Gewehrpatronen und gegen zweitausend Handgranaten sollten eine feuerstarke und lange Verteidigung garantieren. Tausende von Soldaten haben im Aktivdienst und in den Jahrzehnten danach Dienst in den unterirdischen Anlagen der Festung Reuenthal geleistet. Weil der Aktionsradius der beiden Kanonen vom Hotzenwald bis nach Mönthal reichte, konnte auf Schweizer Seite die Tauglichkeit des Waffeneinsatzes für den Ernstfall überprüft werden. Versehentlich pfiffen auch vereinzelte Geschosse über die Grenze, was zu diplomatischen Schritten auf höchster Ebene führte. Der Ausbildungsstand der Besatzung scheint in der Anfangszeit nicht überwältigend gewesen zu sein. «Gz Art Det

Ein Ausstellungsraum in der Festung Full-Reuenthal. Mit der militärischen Anlage hätte im Zweiten Weltkrieg ein Angriff auf das untere Aaretal abgewehrt werden sollen.

253» nannte sich die bunt zusammengewürfelte Festungsbesatzung. Erst nach etlichen Jahren wurde daraus die umfassend ausgebildete «Fest Art Kp 95».

Obwohl die Festung Reuenthal in der Nachkriegszeit militärisch nur noch untergeordneten Stellenwert hatte, wurde sie betriebstüchtig gehalten und dem infanteristischen Abwehrdispositiv zugeordnet. Festungskompanien leisteten dort ihre Wiederholungskurse, bis 1977 die definitive Auflösung beschlossen wurde. Die installierten Waffensysteme wurden ausgebaut. Aber es sollte nicht das Ende der Festung Reuenthal sein. Die emotionalen Beziehungen vieler Truppenangehöriger waren so stark, dass sich aus ihren Kreisen und mit Hilfe weiterer Interessenten der «Verein Festungsmuseum Reuenthal» bildete. Das Eidgenössische Militärdepartement «demilitarisierte» das Werk, hob die Geheimhaltung auf und verkaufte das Areal (2,3 Hektaren) der Gemeinde Full-Reuenthal. Der Handel geschah mit der Auflage, dass die Gemeinde Hand bieten musste für die Nutzung der Festungsanlagen als Museum. Das Vorhaben des Vereins fand allseits grosse Sympathien und die notwendige finanzielle Unterstützung. 1989 wurde das Festungsmuseum eröffnet.

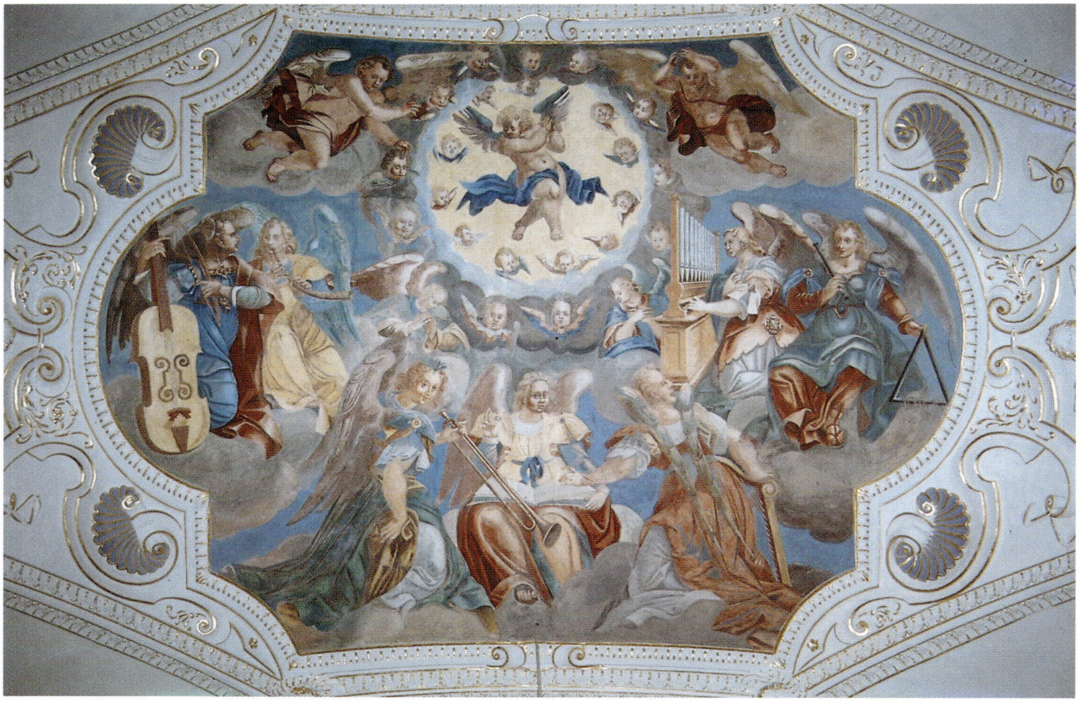

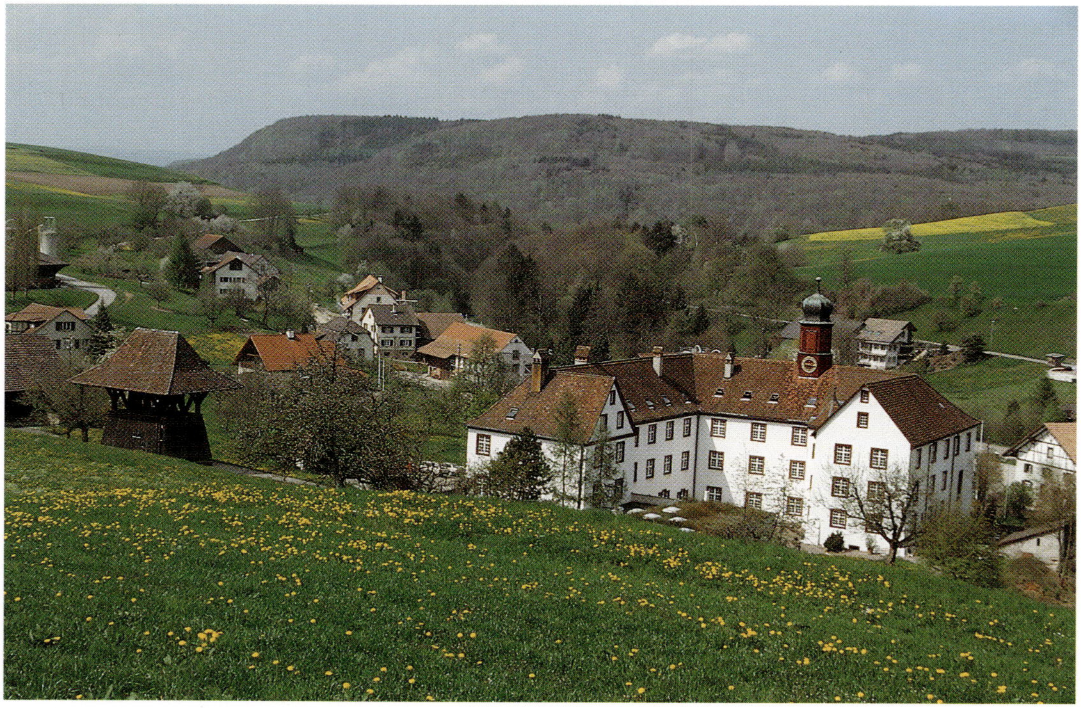

# Ein Holzboden für Kultur?

Herausragende Institutionen und Werke der Kultur konnten in diesem Bezirk nicht gedeihen. Die kleinräumige Ländlichkeit, die Abgeschiedenheit, die Armut legten die Menschen auf das Lebensnotwendige fest. Was sich schliesslich an Kulturellem doch noch durchsetzte, war einzelnen herausragenden Persönlichkeiten und vor allem der Kirche und den Klöstern zu verdanken.

Nicht überall gelang es, das kulturelle Erbe der Vergangenheit unbeschadet und in sinnvoller Fortsetzung in die Gegenwart hinüberzunehmen. Das bedeutendste positive Beispiel dafür dürfte die Propstei Wislikofen sein. Sie wurde schon im 12. Jahrhundert als kleines Gebetshaus dem Kloster Sankt Blasien geschenkt und blieb bis zur Aufhebung dieses mächtigen Schwarzwaldstifts in dessen Besitz. Wislikofen war zwar nur ein kleiner Aussenposten, doch die Propstei nahm im Laufe der Jahrhunderte an Bedeutung zu. Die nach und nach vergrösserten und verstärkten Anlagen mit Kirche und Verwaltungsgebäuden wurden zum wichtigen linksrheinischen Stützpunkt. In Kriegszeiten hatte Wislikofen die Funktion eines Refugiums, das sowohl die Schätze wie die Bewohner des deutschen Stammhauses aufnehmen konnte. Die Napoleonischen Feldzüge brachten 1807 das Ende für das Kloster Sankt Blasien. Die schweizerischen Besitzungen gingen teils an Private, teils an den Kanton Aargau über. Für die Propstei Wislikofen ergab sich ein komplizierter Rechtsstatus, der Eigentum und Verantwortung der Gemeinde und dem Kanton zuschrieb. Die ungeklärten Verhältnisse beschleunigten den Niedergang. Der bauliche Zustand war schliesslich so schlecht, dass der Regierungsrat 1962 dem Grossen Rat vorschlug, die Kirche zu sanieren, die Propstei aber abzureissen. Möglicherweise hat dieser «Radikalantrag» die Gemüter aufgerüttelt und die direktbetroffenen Instanzen bewogen, sich zu einer gemeinsamen Rettungsaktion zusammenzuraufen. Aber es brauchte noch ein jahrelanges Ringen um das Raumprogramm, die Kostenbeteiligung und die Zweckbestimmung, bis endlich 1973 die Baumaschinen auffuhren. Der Kostenteiler vom 1. Oktober 1972 verpflichtete den Kanton zu 3,266 Millionen, die Katholische Landeskirche zu 2,75 Millionen und die Kirchgemeinde Wislikofen zu 0,284 Millionen Franken. Wer den ruinösen Zustand der Propstei kannte, mochte kaum mehr an die Rettung glauben. Nur das Zusammenspiel glücklicher Umstände, der unentwegte Einsatz einiger unverwüstlicher Traditionalisten, die zündende Idee der neuen Zweckbestimmung als Bildungszentrum hatten schliesslich doch noch die Sanierung möglich gemacht.

Nach der Einweihung verstummten auch die letzten Stimmen der Kritik. Die Einrichtung des sehr offen geführten Bildungszentrums hat sich bestens bewährt, und damit ist die Propstei Wislikofen zu einer wesentlichen Stütze des kulturellen Lebens im Bezirk und weit darüber hinaus geworden.

Oben: Deckengemälde in der Kapelle Böttstein. Der reizende Barockbau war über lange Zeit Hauskapelle der Familie von Roll.
Unten: Die Propstei Wislikofen, heute ein Bildungszentrum.

# Botschaft des Bezirks Zurzach an den hohen Regierungsrat des Kantons Aargau 1953

von Walter Fischer

Gestrenge, liebe Herren Räth,
Die Ihr das Rad des Staates dreht,
Hört, was Üch gibt ze wissen kund
Das Volk im Amte Zurzach drunt':
Von Zurzach an dem grünen Rhyn,
Wo eh' die heilig Vrena gsyn,
Die nebst dem Strähl und nebst dem Chrueg
Gar frombe Sitt' in d'Hüser trueg,
Wo eh' die grossen Messen waren,
Von Klingenowe an der Aren,
Wo Minnesänger Walter Klingen
Gar lieblich' Liedlein täte singen,
Kein Wunder, dass so schön es klang,
Der Wyn schafft's wohl am Bergeshang,
Von Kaiserstuel, der Bruggenstadt,
Die ihren mächt'gen Turm noch hat,
Und ist sie ouch nur schmal und chlyn,
Sie könnte wohl nit schöner syn,
Von Fisibach inmitten Felds,
Eh' Grichts-Herrschaft Schwarzwasserstelz,
Von Rümikon, wo, wie Ihr wisst,
Man guete Fisch' und Güggel isst,
Von Wislikofen, wo Forellen
Flink us dem Tägerbächlein schnellen,
Von Siglistorf am Belchen hinten
Mit syner schönen nüwen Pinten,
Von Schneisingen, dem kuriosen,
Wo blühen wild die Alpenrosen,
Von Rekingen und Mellikon,
Wo man Soda seit Jahren schon
Gewünnt fürs Schweizerland zem Zweck,
Ze minderen den Schmutz und Dreck,
Von Baldingen hoch ob der Welt
Zunächst dem hehren Sternenzelt,
Von Böbikon, das nüw erweckt,
Sytdem man dort die Burg entdeckt,
Von Rietheim an dem alten Rhyn,
Wo eh' viel Sumpf und Wasser gsyn,
Von Koblenz, wo der Bruggen viel
Den Wandrer füeren zue dem Ziel,
Von Döttingen, wo über d'Aren
Erzherzog Karl von Wien wöllt fahren,
Dass er nit über d'Brugg kunnt walzen,

Der Eidgenoss hat's ihm versalzen,
Vom Winzerdörflein Tegerfeldt,
Wo man ein guetes Tröpflin hält,
Von Unterendingen gar chlyn,
Dem lieben Surbthal-Benjamin,
Von Endingen und Lengenan,
Wo eh' viel hundert Jahre lang
Der Jud ze husen ward gezwungen,
Bis Welti ihm die Freiheit brungen,
Von Böttstein, wo der Aren kraft
Den Menschen Strom und Liecht verschafft,
Von Lüggeren, wo frombe Ritter
Gelebt im Hus der Johanniter,
Von der Gemeind Full-Reuenthal,
Wo Schifflin fahrend ohne Zahl
Nach Waldshut in die dütschen Gouwen,
Der Zöllner dörf nit allen trouwen,
Von Leibstadt, wo nebst hübschen Kinden
Wir herrlich guete Kirschen finden,
– Kurzum von Städt' und Dörfern all',
Vom Surb- und Rhyn- und Aarenthal,
Vom Kirchspiel und vom Studenland
Versprechend Üch jetzo in d'Hand,
Mir wollen stets in Trüwen halten,
Was uns vererbet unsre Alten:
Dem blinden Eigennutz ze wehren,
Das Grade nit in Krumb ze kehren,
Das Recht nit ins Unrecht z'setzen,
Die Armen stets in Lieb zu letzen,
Dem Kanton Argow Trüw ze wahren,
Dass er nit us der Fueg mög fahren,
Denn Bruederlieb macht zähen Kitt
Für schlimme Not und böse Zyt.
Ihr lieben Räth und Landesväter,
Hört gnädig unsern Wunsch für später:
Derweil von Arow wir gar fern,
vergisst man uns wohl leicht ouch gern,
Drum wöllt uns ferner gnädig lenken
Und stets hinfort den Spruch bedenken:
Man findet's s'ist wohl Gottes Wilchen
Die Frömmsten nit stets nächst der Kilchen.

# Sagen und Legenden

Der Bezirk Zurzach wartet mit einer ungeahnten Fülle von Sagen und Legenden auf. Wie man sich wohl diese Fülle zu erklären hat? Wahrscheinlich haben viele sagenträchtige Momente zusammengespielt. Da gibt es den geschichtlichen Hintergrund mit der Römerzeit, dem Verenakult, den Zurzacher Messen und den zahlreichen Burgen und Schlössern. Die Herrschaft der Landvögte hat ebenso ihre Spuren hinterlassen wie die verschiedenen Kriegszüge fremder Heere. Sicher hat auch die Landschaft das Ihre beigetragen: die Abgeschiedenheit der Täler, die dichten, geheimnisumwobenen Wälder, die vielen Wasserläufe mit den einsamen Mühlen, die stehenden Gewässer und Sümpfe mit Auenwäldern und Röhricht. Auch die Juden als die unheimlichen Fremden tauchen immer wieder in der Sagenwelt auf. Schauplätze von Unfällen und Verbrechen haben die Phantasie beflügelt.

Allgemeines Volksgut sind nur wenige Sagen geblieben. Sicher einmal der «Lindegiger» vom Ruckfeld, dann die «Schlüsseljungfrau von Tegerfelden» und etwa noch die verschiedenen Versionen vom «Etelwibli» am Ethelweiher zwischen Schneisingen und Böbikon.

**Der Lindegiger vom Ruckfeld**

Wer vom Städtchen Brugg nach Zurzach wandert, trifft im weiten Ruckfeld auf einen mächtigen Lindenbaum, um dessen Stamm Ruhebänke gezimmert sind. Im Dorf Unter-Endingen lebte damals die arme Familie Hauenstein. Ihr ältester Bub musste von Haus zu Haus gehen und das Brot erbetteln. Später las er den Mist von den Strassen auf und verkaufte ihn karrenweise. Ein Krämer gab ihm Schwefelhölzer zum Verkauf, und während er damit unterwegs war, stahl er den Juden von Ober-Endingen die Feldfrüchte. Unentdeckt verkaufte er sie auf den Wochenmärkten von Brugg und Baden. In reiferen Jahren erhielt er vom Gemeinderat seines Dorfes einen kleinen Geldvorschuss und betrieb damit einen Nagelhandel. Er machte Bekanntschaft mit dem alten Tanzgeiger von Siggenthal. Bei ihm lernte er das Geigenspiel. Er machte so gute Fortschritte, dass er bald ein gesuchter Musikant für Hochzeiten war. Wenn zur Zeit der Zurzacher Messe die Kaufleute übers Ruckfeld zogen und unter der Linde rasteten, war der junge Geiger zur Hand, strich meisterhaft die Fidel und machte für ein paar Schillinge unglaubliche Kunststücke. So wanderte er mit dem Nagelsack auf der einen und mit der Geige auf der andern Schulter herum und betrieb beides so gut, dass er bald ein kleines Anwesen in Endingen pachten konnte. Er verheiratete sich nicht ungeschickt, und als seiner Frau gar noch eine Erbschaft zufloss, wählte man ihn zum Gemeindeweibel. Er kaufte in Unter-Endingen das Wirtshaus «Zu den drei Sternen» und liess die Inschrift darauf setzen: «Lass Neider neiden, Hasser hassen, was Gott mir gönnt, muss man mir lassen.»

Von da an schrieb der Wirt mit doppelter Kreide. Die Gäste bekamen gewässerten Wein aufgestellt. Wer sein Wirtshaus nicht mehr besuchte, verfolgte und bedrückte er in Gemeindedingen. Die Gäste machte er trunken, und wenn er dann den Handel zu seinen Gunsten

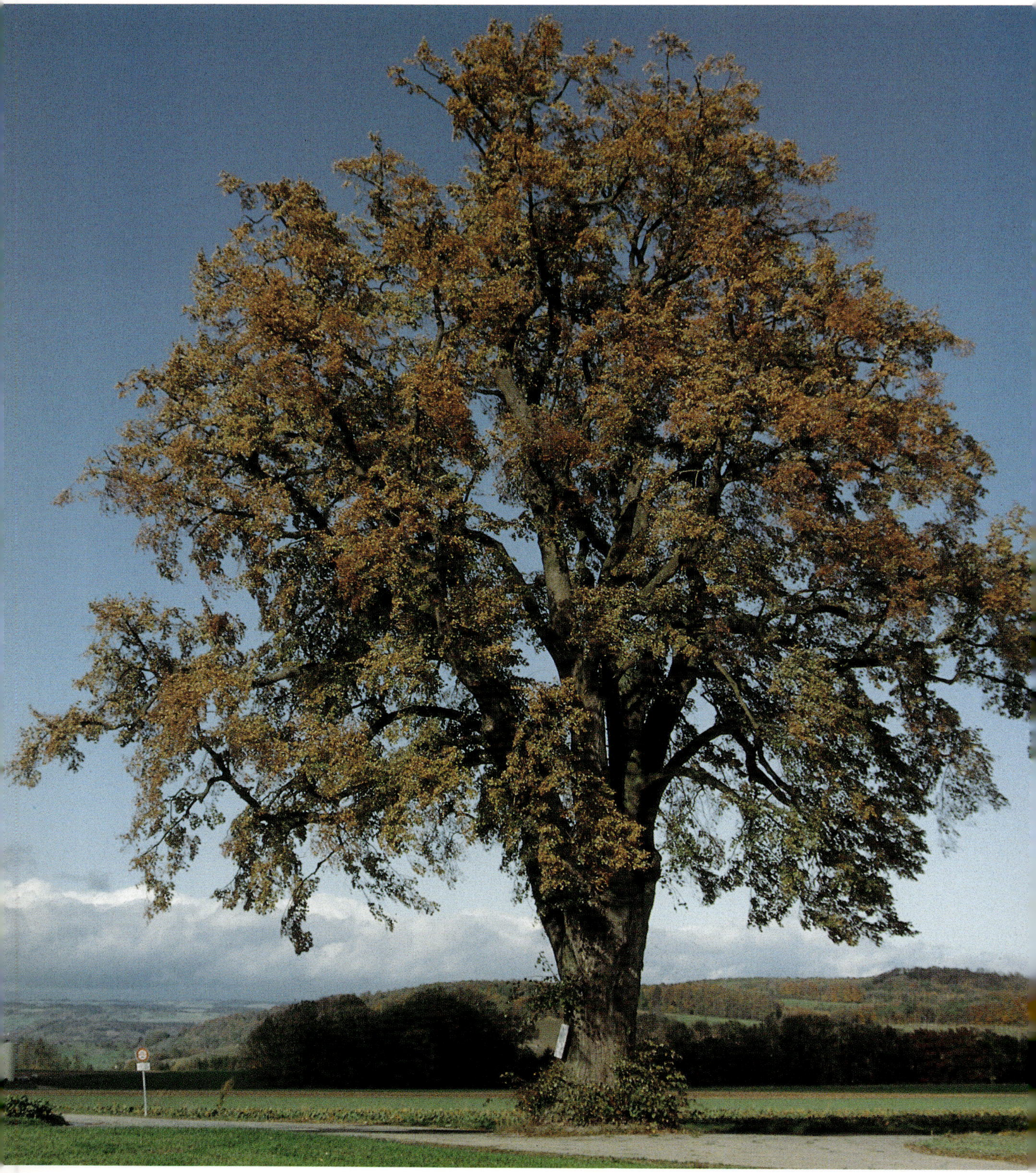

abgeschlossen hatte, gab es auch stets einige gekaufte Zeugen, welche ihm vor Gericht bei Prozessen halfen.

«Was meint wohl Bub», fragte mich jedesmal mein Grossvater, wenn er auf diese Geschichte zu reden kam, «wie lange wohl musste der Lindegiger wirten, bis er den Kaufpreis der ganzen Liegenschaft herausgeschlagen hatte?» «Gewiss auch seine zwanzig Jahre», sagte ich ratend. «Nein, in drei Jahren war er keinen Batzen mehr schuldig.» So schlecht ging es damals noch bei der Obrigkeit zu. Und so wie heute auch immer noch der Reichste im Dorf Gemeinderat sein muss, so wurde unser Sternenwirt nicht nur dies, sondern auch noch Ammann dazu und konnte jetzt mit seinem Geld wuchern, das Armengut bestehlen, die Witwen benachteiligen, gerade wie er wollte. Aber der Krug geht zum Brunnen, bis er bricht, und das Leben hat auch noch keiner verlängern können. Seit der Sternenwirt das letzte Mal in den Keller hinuntergegangen ist, hat man von ihm nichts mehr gesehen und gehört. Überall hiess es, der Teufel habe ihn geholt. Sein Geist aber sass auf dem grossen Fass im Keller und schrie um Mitternacht: «Drü Schöppli Wi und en Schoppe Wasser gänd au es Mäss!» Selbst die Nachtwächter hörten es, es soll wie das Gebrüll eines Stiers geklungen haben. Das Haus kam vollends in Verruf, und niemand wollte mehr einkehren. Der älteste Sohn, der das Anwesen übernommen hatte, konnte sich keinem Weinfass im Keller mehr nähern, ohne dass der Spukgeist gepoltert hätte. Der Sohn wollte mit einem Umbau dem Geist zu Leibe rücken, aber unter sonderbaren Umständen stürzte er vom Gerüst. Als man ihn halbtot in die Stube brachte und den Pfarrer mit den Sterbesakramenten holte, fing die alte Spieluhr im Zimmer wie unermüdlich an zu flöten und zu walzen. Ein wildes Gelächter brach los, so dass die Worte des Kranken und des Priesters unverstanden blieben.

Die Familie wandte sich in ihrer Not an den Pfarrer von Würenlingen, der Erfahrung im Umgang mit Geistern hatte. Er liess den ganzen Keller bis auf eine grosse mit Stroh umflochtene Branntweinflasche ausräumen. Diese stellte er im hintersten Winkel zurecht und behielt den Stöpsel in der Hand. Er fachte ein Feuer an und warf fleissig Weihrauch hinein. Das Gespenst hustete, stöhnte, schimpfte und verzog sich schliesslich in die Flasche, die vom Pfarrer behende verpfropft wurde. Darauf meldete er seinen Erfolg den in der Wirtsstube versammelten Verwandten. Nur, die Flasche mit dem Geist liess sich nicht von der Stelle bewegen. Weder Winden noch Spannketten brachten den Erfolg. So wurden denn von Baden die Kapuziner herbeigerufen. Mit ihrer Hilfe gelang es, die Branntweinflasche auf einen bereitgestellten Wagen zu schaffen. Doch die Pferde taten keinen Ruck, bis man den Geist befragte, wohin er gebracht sein wollte. «Auf die Teufelskanzel», war seine Antwort. Das ist ein Felsvorsprung nördlich von Unter-Endingen. Dorthin also brachte man die Flasche und schleuderte sie von der Teufelskanzel ins Schrännenloch. Sie krachte über die Felsen in das Bächlein, das der nahen Surb zufliesst. Dem Würenlinger Pfarrer aber wurde übel mitgespielt. Seit der Banngeschichte war nun allnächtlich ein Höllenlärm rings um das Pfarrhaus zu hören. Auch bei seinen weiteren Beschwörungen der Geister in seiner Gemeinde hatte der Würenlinger Pfarrer kein Glück mehr. Er lebte nicht mehr lange, der fortwährende Verdruss brachte ihn um.

Der Lindegiger scheint es im Schrännenloch nicht lange ausgehalten zu haben. Er fand seine Bleibe im Geäst der Ruckfelder Linde. Am Stamm dieses Baumes ist in Man-

Die Linde auf dem Ruckfeld, weithin sichtbarer Merkpunkt.

neshöhe ein von Rinde überwachsenes Loch, dort drinnen wohnt er. Einmal, als der Bannwart von Tegerfelden dieses Loch verkeilen wollte, kam er mit Zapfen und Axt überhaupt nicht mehr zurecht. Zu nächtlicher Stunde sass der Lindegiger auf einem Ast, und je ärger der Wintersturm tobte, desto ausgelassener war sein Geigenspiel. Als einst ein Tegerfelder Bauer auf dem Heimweg von Würenlingen hier vorbeikam, fing es im Baum so überaus lustig zu geigen an, dass der Bauer augenblicklich zu tanzen begann, bis er erschöpft und besinnungslos zu Boden sank. Man fand ihn am nächsten Tag am Fuss der Teufelskanzel, und von der Stunde an war er der vortrefflichste Tänzer im ganzen Land.

**Die Schlüsseljungfrau von Tegerfelden**

Wer früher von Döttingen her des Nachts ins Nachbardorf Tegerfelden gehen musste, der verliess sich auf ein Zeichen, das nie täuschte. Von weitem schimmerte aus der Ruine Tegerfelden ein Licht entgegen, und je näher der nächtliche Wanderer kam, desto grösser wuchs es droben im hell erleuchteten Fenster. Töne einer Frauenstimme zogen den Berg herab, bald schaurig, bald süss klingend. Da wusste der einsame Wanderer, dass er jetzt den Surbbach meiden musste. Ah, die Schlüsseljungfrau, sprach er dann bei sich selbst, und dankbar für diese sichere Führung wandte er sich dem Dorf zu. Jener Fensterbogen mit dem Licht ist inzwischen zusammengestürzt, die Schlüsseljungfrau aber lebt weiter. Sie war die Tochter des Burgherrn. Der Ruf ihrer Schönheit ging durchs ganze Land. Aber mitten in ihrer Jugend starb sie einem Jüngling nach, der ihr Herz gewonnen und den der Ahnenstolz ihrer Familie in einen schaurigen Tod geschickt hatte. Schneeweiss gekleidet und mit langen offenen Haaren, wie man das Mädchen damals in die Gruft gelegt hatte, irrt sie noch immer ungetröstet um den ausgestorbenen Schlossberg. Ein Tegerfelder Familienvater kehrte einmal spät abends vom Markt in Waldshut zurück. Am Dorfrand von Döttingen folgte er dem kürzeren Weg durchs Ried, der Surb entlang. Der Mond stand hell über der Burgruine Tegerfelden. Da raschelte es auf einmal hinter den Bäumen. Der Mann stand still und horchte. Am Bachrand stieg ein feiner Nebel auf. Darin bewegte sich die Schlüsseljungfrau. An ihrem Gürtel steckte ein Strauss Weidenröschen, und der Schlüsselbund klirrte leise. Die Jungfrau spielte auf einer silbernen Flöte, und es klang sehr traurig durch die sternenklare Nacht. Da regte es sich am andern Ufer. Ein weisser Hirsch durchquerte die Surb und legte sich der Jungfrau zu Füssen. Sie gab ihm von den Weidenröschen zu fressen und band ihm eine Hopfenranke ums Geweih. Dann setzte sie sich auf den Rücken des Tieres. Die Hopfenranke diente ihr als Zügel, ein Baldrianstengel als Reitgerte. Der weisse Hirsch erhob sich, trabte der Ruine zu und trug die Jungfrau neunzehnmal um das alte Gemäuer. In gestrecktem Galopp jagte er schliesslich zur Surb hinunter. Die Reiterin stieg ab. Sie gab dem Hirsch einen sanften Schlag, und lautlos verschwand das Tier im Dickicht. Jetzt löste die Jungfrau ihr Stirnband und kämmte ihr glänzendes Haar. Dabei streifte sie mit ihrem goldenen Kamm die Zweige einer Erle und strich sich Honigtau auf den Scheitel. Von Zeit zu Zeit prüfte sie im Spiegel des klaren Wassers, wieweit ihr Haar noch vom Boden entfernt war. Ohne das Wasser zu berühren, schritt sie schliesslich über die Surb und sang dazu eine wundersame Melodie.

Die Schlossruine Tegerfelden, ein sagenträchtiger Ort.
Folgende Doppelseite:
Die Spaltenflue bei Siglistorf mit ihren ungewohnten Felsformationen.

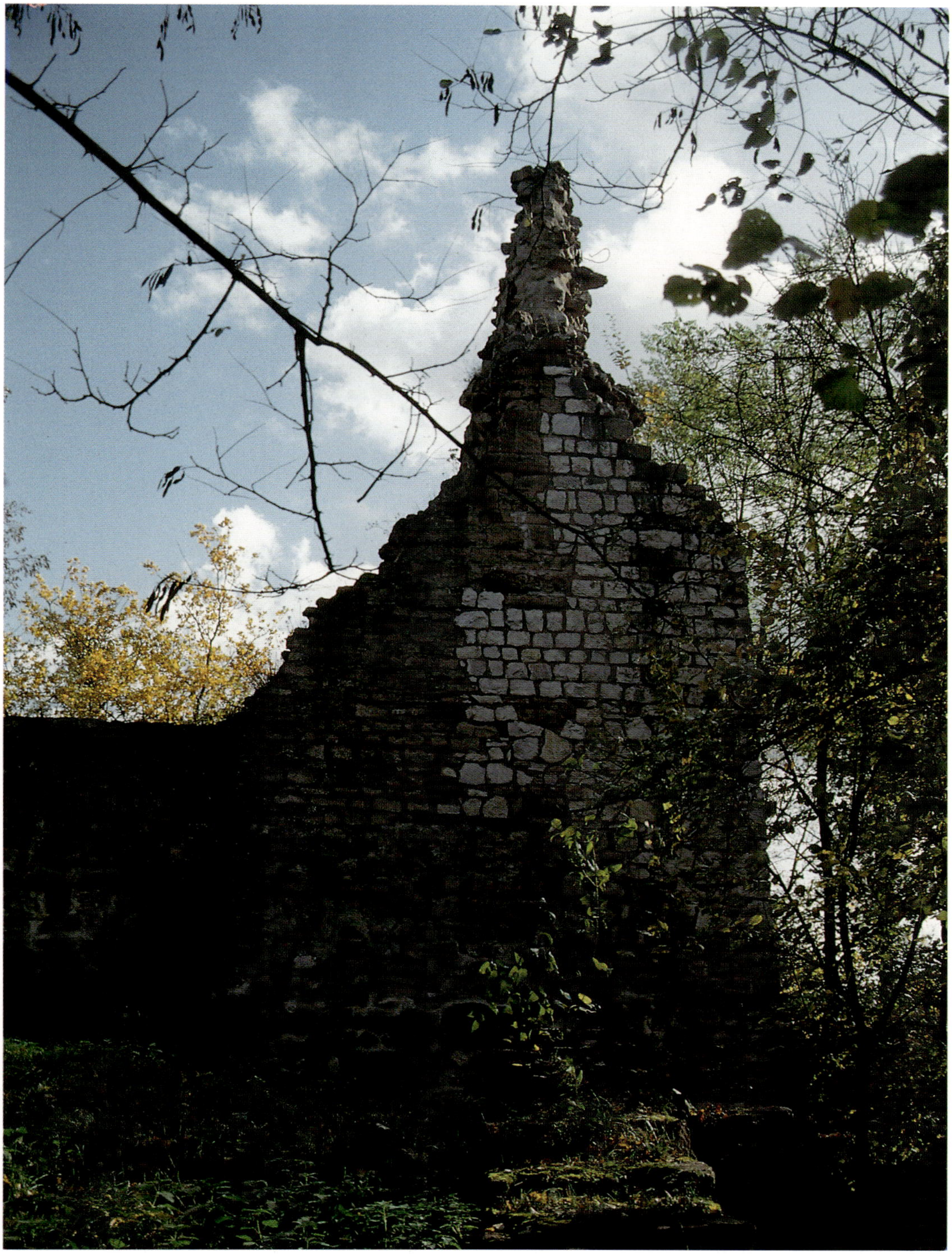

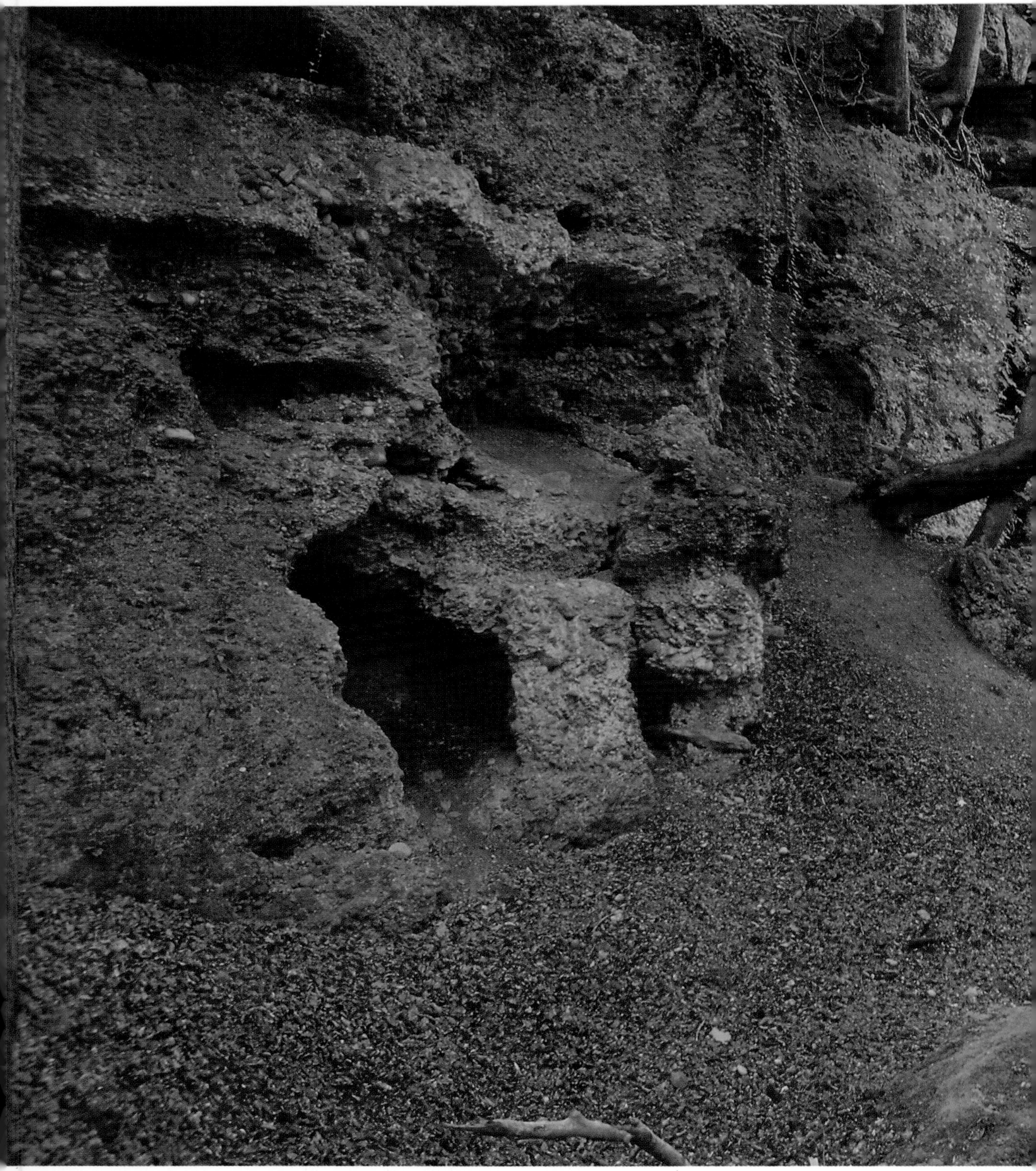

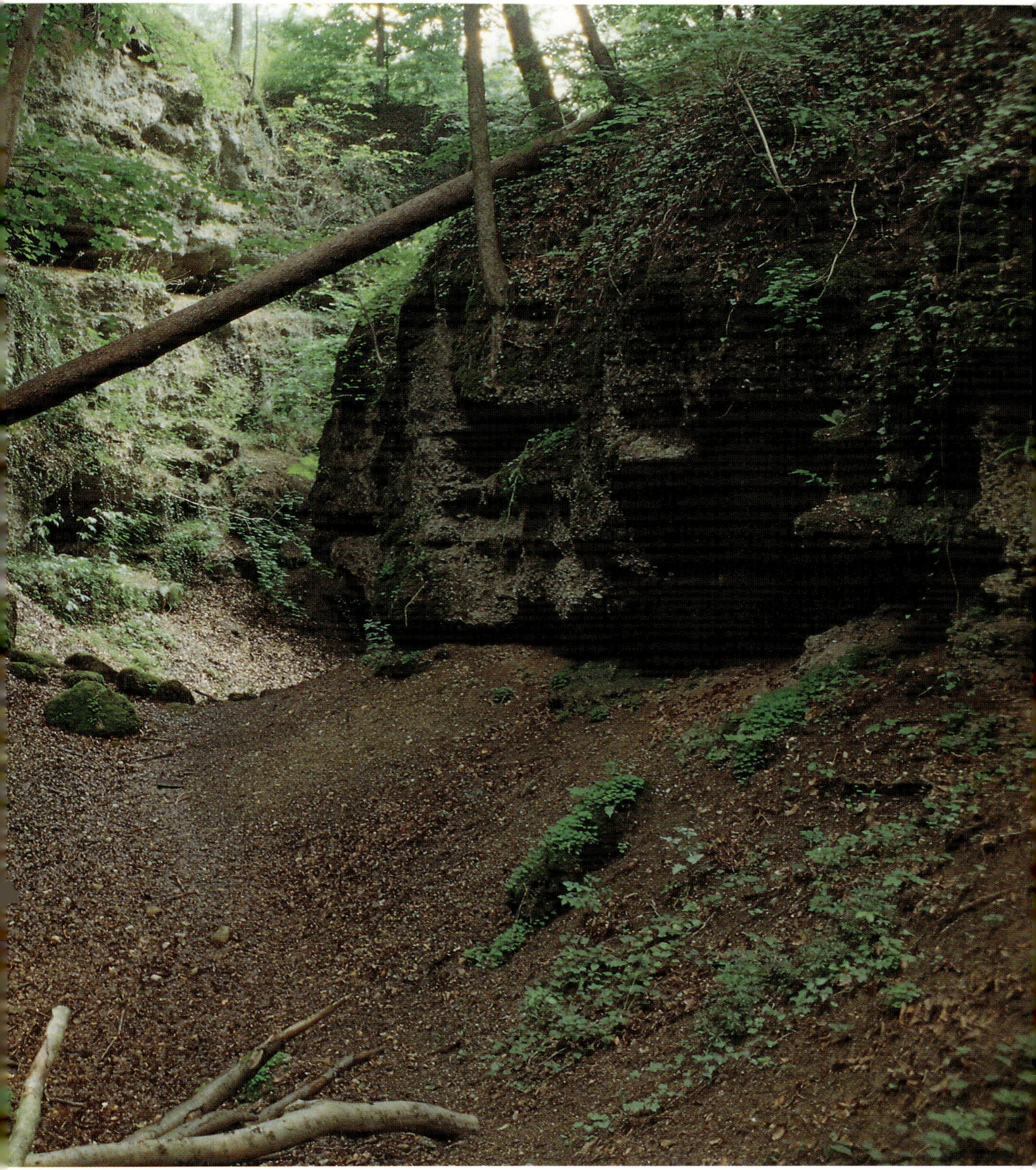

Die Erle ist der Schicksalsbaum, der am Erlösungstag der Jungfrau gefällt und verbrannt wird. Er soll immer noch stehen, obwohl die Begegnung mit dem Tegerfelder Bauern schon viele Jahre zurückliegt. Die Schlüsseljungfrau von Tegerfelden irrt demnach immer noch am steilen Hang zwischen Surb und Ruine umher.

**Vom Zauber des Silberbrünnelis bei der Spaltenflue**

Während das Tägerbachtal von seiner Mündung in den Rhein bis hinauf nach Wislikofen, Mellstorf und Siglistorf mit pulsierendem Leben erfüllt ist, beginnt jenseits der Belchenkreuzung die Einsamkeit. Die Strasse wird enger, und der Wald nähert sich immer mehr der Talsohle, bis er sie bei Hofstetten schliesslich ganz überzieht. Doch dann weitet sich noch einmal die Landschaft. Fruchtbares Ackerland und saftige Wiesen überziehen die sanften waldgesäumten Hänge. Das ist das quellenreiche Gebiet an der zürcherischen Kantonsgrenze. Im Zweiten Weltkrieg haben Rodungen und Meliorationen das Kulturland wachsen lassen, und zu den schon bestehenden zwei Zürcher Höfen kam auf aargauischem Boden noch neu der Rütihof dazu.

Der Wasserreichtum ist mittlerweile zum Teil wirtschaftlich genutzt worden. Die Gemeinde Schneisingen ist dank den Wattwiler Quellen ihre Wassersorgen losgeworden. Doch der grösste Teil der Landschaft ist unverfälschte Natur geblieben, mit stattlichen Wäldern, leicht gewelltem Kulturland, vereinzelten Höfen und mit den verschiedenen Quellbächlein, die auch im trockensten Sommer nicht versiegen. Wer es dort genau wissen will, der kann in der weiteren Umgebung noch einen Alpenrosenplatz ausfindig machen, der dem viel bekannteren von Schneisingen nicht nachsteht. Fast schon ein kleines Naturwunder ist die Spaltenflue, tief im Wald versteckt, ganz nahe an der Kantonsgrenze. Völlig unerwartet werden dort die Hügelwälder durch ungewohnt mächtige Nagelfluhfelsen unterbrochen. Trampelpfade führen über schwindelerregende Vorsprünge und durch die zerklüfteten Schründe. Mächtige umgestürzte Bäume überbrücken die tiefen Einschnitte und verlocken zu waghalsigen Mutübungen. Wen wundert's, wenn diese verwunschene Gegend die Phantasie der Leute angeregt hat und grausliche Geschichten entstehen liess.

Die bekannteste ist wohl die vom Silberbrünneli unweit der Spaltenflue. Die Siglistorfer haben an zugänglicher Stelle mit einem massiven Brunnen der Sage ein Denkmal gesetzt. Wenn die Sonne durch dickes Tannengehölz an vereinzelten Stellen auf das Bächlein fällt, dann glänzt das Wasser silbrig, und die Nagelfluhsteine wirken besonders hell.

Einstmals soll ein Siglistorfer Bub von seinem Götti einen silbernen Löffel bekommen haben. Dieses wertvolle Geschenk wollte er seinem habgierigen Vater nicht abgeben, deshalb trug er es immer wohlverwahrt auf sich. Eines Tages kam der Knabe bei Waldarbeiten hinauf an die nahe Spaltenflue. Wieder einmal verlangte der Vater die Herausgabe des Löffels. Weil der Kleine sich wehrte, stiess der jähzornige Vater seinen Sohn über einen zwanzig Meter hohen Felsen. Der verletzte Knabe überlebte, aber er krankte fortan an Geist und Körper. Mit letzter Kraft schleppte er sich hinauf zur Spaltenflue. Dort am Bächlein fand man seine Leiche, den Löffel hielt er noch in der Hand. Die Quelle bekam den Namen Silberbrünneli. Im Bächlein befanden sich glänzende Glimmerplättchen und feiner Sand, den man früher, als Fliessblätter noch nicht üblich waren, als Streusand verwendete.

# Gestalten und Geschicke

**Die letzte Hinrichtung im Bezirk Zurzach**

Aus der Kriminalgeschichte des Kantons sind uns zwei tragische Schicksale bekannt. Das letzte Aargauer Todesurteil hat den wegen seiner witzigen Gaunereien und spektakulären Gefängnisausbrüchen berühmt gewordenen Bernhard Matter getroffen.

Sein Schicksalsgefährte im Bezirk Zurzach hat nicht so grosse Bekanntheit erfahren. Betroffenheit löst allerdings auch seine Geschichte aus: Am 26. April 1821 wurde im «Grütt» Zurzach der 26jährige Johann Meyer von Schneisingen durch das Schwert gerichtet. Vorsätzlichen Mord hatte ihm das Bezirksgericht Zurzach in seinem Schuldspruch angelastet. Aber ein Mörder nach heutiger Rechtsdefinition war Johann Meyer nicht. Sein Verbrechen bestand aus einer unglückseligen Verkettung zeitgenössischer Lebensumstände. Sie liessen ihn in Teufelsküche geraten, wo er in Panik und Angst jene Tat vollbrachte, mit der er sein Leben verwirkte. Es war einiges von «Romeo und Julia» an der Geschichte.

Das Verhältnis zwischen dem jungen Bauern und Leinenweber Johann Meyer und der Dienstmagd Maria Verena Köferli aus Lengnau stiess bei den Eltern des Liebhabers auf Widerstand. Die Lage spitzte sich zu, als Maria Verena Köferli schwanger wurde. Der moralische Fehltritt war nur durch eine rasche Heirat zu bereinigen. Die junge Frau hatte niemanden, dem sie sich in ihrer Not anvertrauen konnte. Um so mehr drängte sie auf Heirat. Johann Meyer fürchtete den Zorn seiner Eltern. In dieser äusserst gespannten Lage kam es am Sonntag, dem 11. Februar, im Wald oberhalb Lengnau zur verhängnisvollen Begegnung. Die Akten sind grösstenteils noch vorhanden, so dass die Geschehnisse ziemlich lückenlos rekonstruiert werden können. Maria Verena Köferli beschwor ihren Geliebten, zusammen mit ihr bei den Eltern vorzusprechen. Johann Meyer schwankte zwischen Zusage und Unentschlossenheit. Im Verlauf einer heftigen Auseinandersetzung kam es zu Handgreiflichkeiten, wobei Johann Meyer die Frau so heftig würgte, dass sie ohnmächtig wurde. Er hielt die Besinnungslose für tot und, um einen Selbstmord vorzutäuschen, hängte er sie mit einem Strick an einer nahen Föhre auf. Der Tod trat durch Strangulation ein.

Erst am Dienstag darauf entdeckte ein Knabe beim Holzsammeln die Leiche. Der alarmierte Zurzacher Oberamtmann Peter Karl Attenhofer begab sich an die Unglücksstelle im Wald oberhalb des Weilers «Himmelrych». Sehr rasch kamen ihm Zweifel an der Selbsttötung der Maria Verena Köferli. In seinen Nachforschungen stiess er schnell auf Johann Meyer. Er liess ihn in Untersuchungshaft nehmen. Beim Verhör verstrickte sich der Verdächtige in Widersprüche, und als der Untersuchungsbeamte das Tatinstrument, den Strick, unversehens auf den Tisch legte, brach Johann Meyer zusammen und bekannte, dass er Maria Verena Köferli «bey vorgehendem Zank» erwürgt und dann aufgehängt habe.

Die Rechtssprechung arbeitete schnell. Schon am 5. April sprach das Bezirksgericht das Todesurteil aus. Es hatte auf vorsätzlichen Mord geschlossen, obwohl die Rekonstruktion des Tatablaufs etliche Zweifel an einer kaltblütig vorbereiteten Tat offen liess. Schon am 16. April bestätigte das Appellationsgericht in Aarau das Urteil der Vorinstanz. Ein Gnadengesuch wurde nicht eingereicht, vielleicht wusste der zum Tod Verurteilte nichts von dieser Möglichkeit. Die Hinrichtung erfolgte am 26. April 1821. Sie geschah ganz im Geist der damaligen Rechtssprechung mit einer beabsichtigt breiten Öffentlichkeitswirkung. Vor dem Zurzacher Rathaus wurde eigens zu diesem Zweck ein Gerüst aufgebaut. Darauf nahm das vollzählige Gericht in Amtstracht Platz. Vor dichtgedrängter Volksmenge vernahm der «Delinquent» das offizielle Todesurteil, wobei ihm der zerbrochene Stab vor die Füsse geworfen wurde. Alle Zeitgenossen erwähnen, dass der Verurteilte sein Los mit Fassung, Mut und allen Zeichen der Reue getragen habe. Auf einem Gefährt, umgeben von zwei Geistlichen und eskortiert von Landjägern und Militär, begann sein letzter Weg Richtung Zurziberg. Im «Grütt» auf der Anhöhe zwischen Zurzach und Tegerfelden, war die Hinrichtungsstätte. Tausende erlebten, wie Johann Meyer das Blutgerüst bestieg und wie Scharfrichter Huber mit einem Schwertschlag das Todesurteil vollzog. Zum Hinrichtungsritual gehörte eine eindringliche Predigt des Pfarrers. Diese Aufgabe nahm Dekan Häfeli wahr. Er beschränkte sich nicht auf die damals üblichen Gedanken der verdienten und gerechten Strafe, sondern bat auch um Mitgefühl für den unglücklichen Delinquenten. Einem Hingerichteten war ein ordentliches Begräbnis innerhalb der Friedhofmauern versagt. Die Henkersgehilfen verscharrten den Leichnam in der Nähe der Hinrichtungsstätte.

1823 wurde am Tatort ein Gedenkstein gesetzt. Die Inschrift vermeidet den Ausdruck «Mord» und setzte statt dessen «gewaltsamen Tod». Das verwitterte Original ist 1990 durch eine Kopie ersetzt worden.

**Die schaurige Geschichte vom «Froueli», das zum «Märit» gehen wollte**

Fast völlig aus dem Volksbewusstsein verschwunden ist der groteske Doppelmord von Baldingen im Jahr 1818. In seiner brutalen Simplizität lässt er sich wohl nur vor dem Hintergrund der Kriegsverrohung der napoleonischen Zeit und der Hungerjahre von 1816/17 erklären. Bis in die neueste Zeit soll ein Anwesen in Oberbaldingen «Mörderhaus» geheissen haben. Den Einheimischen aber scheint der Zusammenhang nicht mehr bekannt gewesen zu sein.

Einem Studenten der Volkskunde kam die Sache zu Ohren, und in seinen Nachforschungen wurde er auf überraschende Weise fündig. Er stiess auf einen Brief des früheren helvetischen Ministers Albrecht Rengger, der Bezug auf den «Doppelmord von Baldingen» nahm. Mit der zeitlichen Zuweisung war der Schlüssel zur Aufklärung des Sachverhalts gegeben. Anhand der Akten liess sich der Fall rekonstruieren. Aber nicht nur das. Der Ablauf der Mordtat stimmte in verblüffender Weise mit dem Volkslied «Es wott es Froueli z Märit go» überein. Die Deckungsgleichheit ist so frappant, dass wohl angenommen werden darf, dass die Baldinger Geschichte Stoff für zeitgenössische Moritaten und Volkslieder geliefert hat. Am 23. Dezember 1818 verliess Marie Binder ihr Haus in Oberbaldingen, um am Zurzacher Weihnachtsmarkt Einkäufe zu tätigen. Dem Mann trug sie auf, den Weihnachtskuchen im Ofen von Zeit zu Zeit zu wenden. Und weil sie für weiteres Weihnachtsgebäck noch Eier brauchte, sollte der Mann gegen Abend den im Haus verstreuten Hühnernestern nachgehen. Die Rückkehr der Frau verspätete sich. Der Weg nach Zurzach war lang und beschwerlich, und in der vergangenen Nacht hatte es geschneit. Der Haussegen bei Binders hing schon lange schief. Hans Binder hatte

Gedenkstein für das Tötungsdelikt im Schneisinger Wald, eine Liebesgeschichte mit tragischem Ausgang.

Absturzstelle des amerikanischen Bombers bei Würenlingen. Es geschah an Weihnachten 1944...

unter der resoluten Herrschaft seiner Frau kein leichtes Leben. Vom Hunger geplagt und von den Weihnachtsdüften verführt, ass er schliesslich den Kuchen auf. Darob geriet die mittlerweile heimgekehrte Marie Binder derart in Wut, dass sie mit einem Grasrechen auf ihren Mann losging. Der Bedrohte ergriff die Flucht und rettete sich in den Stall seines Nachbarn Fritz Meier. Der zeigte Verständnis, denn auch er war unter der Fuchtel seiner Frau. Im Stallgang heckten sie ihren Racheplan aus und setzten ihn noch am gleichen Abend in die Tat um. Gemeinsam brachten sie zuerst Meiers Frau und dann Marie Binder um. Ihre Mordtat mussten sie mit dem Tod sühnen.

Die unheimliche Begebenheit prägte sich tief ein. Die Phantasie der Erzähler fügte das Ihre dazu. Der Stoff eignete sich hervorragend für den Bänkelsang. Das aufkommende Volkstheater mit seiner Vorliebe für humorige Umstellung der traditionellen Männerrolle fand Gefallen an dem Stoff. So muss man sich auch die Entstehung des Lieds vom Froueli vorstellen. Aus dem tragischen Geschehen wurde ein «Lumpenlied», das im Lauf der Zeit weitere neckische Strophen bekam. Allerdings scheint die Sprache nicht ins Lokalkolorit zu passen. «Froueli» und «Märit» weisen eher ins Bernbiet als nach Baldingen. Den geschichtlichen Zusammenhang braucht das nicht zu stören. Der Ursprung des Lieds lässt sich ohnehin örtlich nicht fixieren. Der Stoff kann sehr wohl als Wandersage ins Bernbiet gekommen und dort bearbeitet worden sein. Eine andere Theorie besagt, dass die Berner als ehemalige Landvögte in Baden im Studenland gar nicht geschätzt waren und dass man deshalb die Gruselgeschichte durch sprachliche Einfärbung den Bernern anhängte.

*Es wott es Froueli z Märit go*

*Es wott es Froueli z Märit go,*
*Wott de Ma deheime lo.*

*Hans, du muesch deheime bliibe,*
*Muesch de Hüehner d Eier griffe.*

*Im Ofe sind sächs grossi Chueche,*
*Muesch mer ou zu dene luege!*

*Am Obe, wo's isch sächsi gsii,*
*Sind die Chueche gfrässe gsii.*

*Wo das Froueli hei isch cho:*
*Ma, wo hesch mer d Chueche glo?*

*Do nimmt das Froueli grad e Räche*
*Wott de Ma dermit erstäche.*

*De Hans, de springt zum Feischter us,*
*Louft zum Fritz is Nochberhus.*

*Säg, Fritz, mer müesse zämmeha,*
*D Frau wott mer de Grind verschla!*

*Los, Hans, du bruchsch ned so z chlage,*
*Mini het mi ou verschlage!*

*D Froue sind es Lumpepack,*
*Send vo Stroh und Hudle gmacht.*

**Absturz eines amerikanischen Liberator-Bombers bei Würenlingen**

Der überlebende amerikanische Pilot Vincent F. Fagan hat 1991 in seinem Erinnerungsbuch «Liberator Pilot: The Cottontails Battle for oil» aus seiner Sicht die denkwürdige Begebenheit festgehalten. Der folgende Text ist eine freie und abgekürzte Übersetzung der Kapitel «The End» und «The End of the End». Vincent F. Fagan gehörte zu der in Süditalien stationierten 15. amerikanischen Luftflotte. Sie flog Einsätze gegen Österreich, den Balkan und Rumänien.

«... Weihnachten 1944. Schönes, klares Wetter. Wir kamen von Süden und überquerten die Alpen in einer Höhe von 27 000 Fuss. Unser Ziel war der Hauptbahnhof von Innsbruck. Innsbruck liegt nördlich der Alpen im Bereich des Brennerpasses. Die Stadt ist Ausgangspunkt für die Eisenbahnverbindung nach Italien. Der gesamte Nachschub der deutschen Italienarmee rollte über den Brennerpass. Die 15. amerikanische Luftflotte hatte alles versucht, den Nachschub zu stoppen. Viele Brücken waren zerstört worden, aber der eigentliche Erfolg blieb aus, weil die unterbrochenen Verkehrswege immer wieder in kürzester Zeit repariert waren.

Meine Crew war mit zwei Ersatzleuten angetreten. Driggs, der Bombenschütze, war verletzt und wurde durch Leutnant Moe Hallins ersetzt. Bob Felker, mein bisheriger Co-Pilot, hatte ein eigenes Kommando übernommen. Für ihn war Leutnant Ned March zu uns gestossen. Es war mein 41. Einsatz. Wir steuerten in zweiter Position direkt unser Ziel an. Über Innsbruck war ich schon zweimal gewesen, das gab mir ein gutes Gefühl. Die feindliche Flak war nur mässig stark. Es bestanden also gute Aussichten, dass unsere ‹Maiden America› leichtes Spiel haben würde. Aber schon beim Zielanflug bekam ich aus dem Rumpf die Meldung, dass ein Triebwerk getroffen worden war und Treibstoff ausfloss. Wenige Sekunden später hatten wir die Bomben abgeworfen. Wir drehten nach rechts ab, und da brach die Hölle los. Mehrere Explosionen erschütterten den Rumpf, und ein Splitter prallte auf meine Schutzjacke. Geschosse hatten auch die Windschutzscheibe durchschlagen. Das Flugzeug schlingerte und war kaum mehr unter Kontrolle zu halten. Es verlor rasch an Höhe und konnte nicht mehr im Verband mithalten. Fast alle Instrumente fielen aus. Mit Mühe gelang es mir, das Flugzeug Richtung Westen zu stabilisieren und die unmittelbare Gefahrenzone des Zielgebiets zu verlassen.

Es war ungefähr 12 Uhr. Pro Minute verloren wir etwa 5000 Fuss an Höhe. Das hiess, dass wir in fünf Minuten auf dem Boden aufprallen würden. Ich sah noch, wie eine dicke Rauchwolke aus dem Zentrum der Stadt Innsbruck aufstieg. Ned March, der Co-Pilot, war am Arm verletzt. Rod East, den Bordingenieur, hatte es am Hals und am Bein erwischt. Er kletterte hinunter in den Pilotensitz, um Hilfe zu holen. Was er dort antraf, war nicht ermutigend. Obwohl er verletzt war, brachte er es fertig, auf dieser Höhe, bei eisiger Kälte, in einem Sprühregen von ausfliessendem Treibstoff einige notdürftige Reparaturen vorzunehmen. Eine erstaunliche Leistung! Zwei Triebwerke standen still. Ich versuchte erfolglos die Propeller zu blockieren. Sie drehten im Leerlauf weiter und behinderten zusätzlich den Flug. Mein ganzes Sinnen und Trachten war darauf ausgerichtet, vor dem Absturz noch möglichst weit von Innsbruck wegzukommen. Unsere Geheimdienste hatten gemeldet, dass Besatzungsmitglieder, die in bombardierten Gebieten abgesprungen waren, nicht selten durch aufgehetzte Zivilisten gelyncht worden waren. Wenn es uns noch gelang, 15 Meilen wegzufliegen, hatten wir die Chance, von Soldaten geschnappt zu werden, die weniger rachsüchtig waren. Gegen feindliche Angriffe aus der Luft oder vom Boden waren wir völlig wehrlos. So befahl ich den Bordschützen, ihre Positionen zu verlassen und die Fallschirme anzuziehen. Würde ein deutscher Jäger auftauchen, wäre dies das Signal zum Absprung. Unsere Höhe betrug noch 19 000 Fuss, und sie wurde stets geringer. Lowell, der Funker, machte den Vorschlag, die Maschine auszuräumen und allen nicht überlebensnotwendigen Ballast abzuwerfen. So gingen der Reihe nach Munition, Geschütze, Sauerstoffflaschen usw. über Bord. Die Situation wurde ein bisschen besser. Die havarierte Maschine hatte nun Kurs nach Westen, Rich-

Zentrum des Weilers Vogelsang mit der Fridolinskapelle. Kleine Dörfer und Weiler prägen weiterhin grosse Teile des Bezirks.

Der Felsklotz am Talenbach, 1925 Schauplatz eines Familiendramas.

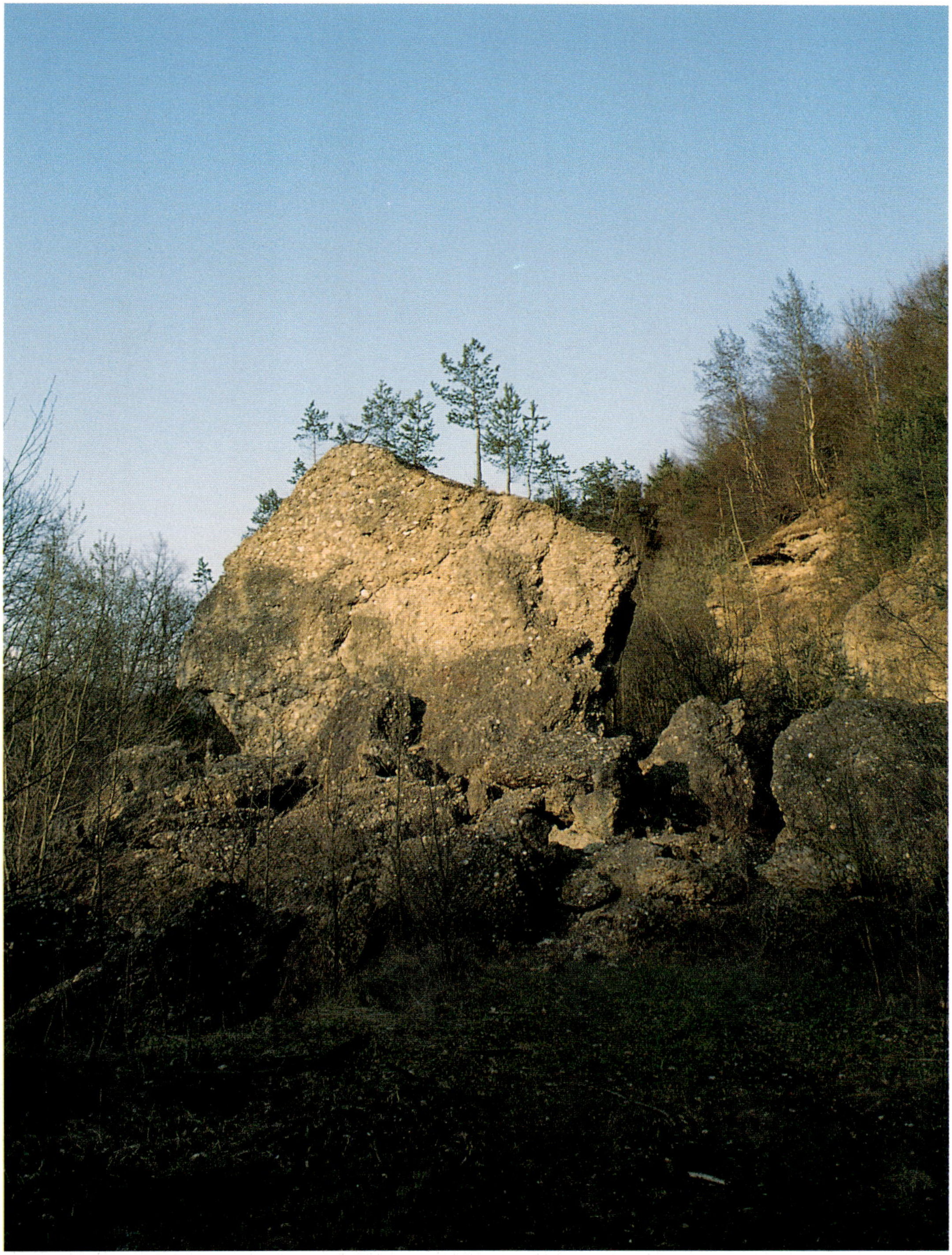

tung Schweiz. Die Navigationsgeräte waren kaputt, und in meinem Cockpit fand sich keine Schweizer Karte. 90 Meilen bis zur Schweiz, das waren 30 Minuten bei dieser reduzierten Geschwindigkeit. Wir hielten uns in angemessener Entfernung zu den Bergen. Das Ende konnte jeden Augenblick kommen, und für diesen Fall wollten wir nicht in den tief verschneiten Bergen abspringen. Ich versuchte alles Mögliche, den steten Höhenverlust aufzufangen, was mir teilweise auch gelang. Hallins hatte in der Zwischenzeit in der Überlebensausrüstung eine Karte gefunden, auf der die Schweiz eingezeichnet war. Ich wusste, dass es bei Zürich einen Flugplatz gab, fand aber auf der Karte keine Eintragung. Mittlerweile war unsere Flughöhe auf 8500 Fuss gesunken. Ich teilte der Mannschaft mit, dass wir spätestens bei 5000 Fuss springen müssten. Wir waren schon in der Nähe der Schweiz und begannen neuen Mut zu fassen, als uns Flakfeuer überraschte. Das war im Gebiet der Aaremündung. Die Schweizer galten bei uns als neutral mit stillen Sympathien für die Alliierten. Das wilde Flakfeuer belehrte uns eines Besseren. Bei den vielen lecken Leitungen und dem ausströmenden Benzin konnte ich es nicht wagen, Signalraketen abzuschiessen. Ich wollte mit den Flügeln das Übergabezeichen signalisieren, aber der Mechanismus funktionierte nicht.

Dann ging alles sehr schnell. Das Triebwerk II löste sich vom Flügel. Der Absturz war unvermeidlich. Ich gab den Befehl zum Absprung. Ingenieur, Co-Pilot und Navigator sprangen vom Flugdeck. Die übrigen vom Rumpf. Mein Sitz klemmte, und ich konnte ihn nur mit Mühe verlassen. Ich kletterte in den Bombenschacht, wo Hallins sich bereit machte und dann das Flugzeug verliess. Dann war die Reihe an mir. Der Fallschirm öffnete sich ohne Probleme, aber ich erhielt durch ein Metallstück einen heftigen Schlag ins Gesicht.

Blut floss aus Lippe, Mund und Nase. Ich sah sechs Falschirme unter mir, und ich nahm auch noch wahr, wie das Flugzeug auf offenem Feld bei Würenlingen aufschlug und in Flammen aufging. Ich landete ganz in der Nähe der Aare. Nach Stunden äusserster Belastung im Bombenhagel, Flakfeuer und in den verzweifelten Überlebensbemühungen umfing mich nun ganz plötzlich eine absolute Stille. Dann tauchten ein paar Soldaten und Zivilisten auf. Sie brachten mich auf einen Wachtposten, wo ich erfuhr, dass March in der Aare ertrunken war und dass man Cool und Hallins tot in den Trümmern gefunden habe. Der Tod der beiden war mir unerklärlich. Zeit zum Springen hatten sie genug. Cool war möglicherweise noch kurz vor dem Ausstieg vom Flakfeuer getroffen worden. Hallins hatte vielleicht zu früh den Fallschirm geöffnet und war damit am abstürzenden Flugzeug hängen geblieben. Die Schweizer verweigerten mir vorerst den Zutritt zur Absturzstelle. Ich gab nicht nach, und zwei Stunden später wurde meinem Wunsch stattgegeben. Ich prüfte Cools und Hallins' Erkennungsmarken. Die drei Toten wurden auf dem amerikanischen Militärfriedhof in Münsingen beerdigt. Ihre Überreste wurden nach dem Krieg nach den USA gebracht. Bis Februar 1945 blieben wir als Internierte in Adelboden und konnten dann in die USA zurückkehren...»

## Tod am Talenbach

Zwischen Endingen und Lengnau, ziemlich genau auf der Gemeindegrenze, fliesst der Talenbach. Auf seiner letzten Strecke durch die Talsohle ist er leider zu einem Betonrinnsal verkommen. Das geht auf die grosse Überschwemmung des Jahres 1931 zurück. Bei den anschliessenden Sanierungsarbeiten wollte man ein für allemal Ruhe haben und legte deshalb den Wasserlauf in einen sterilen Kännel. Es geschah so gründlich, dass der Natur nie eine Chance blieb, etwas vom ursprünglichen Zustand zurückzugewinnen. Aber weiter oben, wo der Talenbach von den Höhen des Weilers Vogelsang den Geländevertiefungen folgt und dem waldbestandenen Schotterhügel entlangfliesst, hat der Wasserlauf seinen ursprünglichen Zustand bewahrt. Es ist fast in Vergessenheit geraten, dass an der Stirnseite des Hügels ehemals ein wichtiger Kiesabbau betrieben wurde. Die Qualität des Materials muss gut gewesen sein, und der Abtransport über die nahe Surbtalstrasse war leicht zu bewerkstelligen. Eine Zeitlang wurde die Kiesgrube vom Zurzacher Bauunternehmer Mallaun betrieben. Er soll sich damals als künftiger Kieslieferant für die neue Surbtalstrasse gesehen haben. Noch weiter zurück war die Abbaustelle Schauplatz eines schrecklichen Unglücks. Eine Familie mit sechs Kindern hatte in der armseligen Bauhütte Unterschlupf gefunden. Der Vater arbeitete auf eigene Rechnung mit einfachsten Mitteln im Steinbruch. Für die Familie war es ein ständiger Kampf ums Überleben. Es war im März des Jahres 1925. Ein Kind war nach Endingen geschickt worden, um Milch zu holen. Der Vater hatte im Steinbruch einige Sprengungen vorbereitet. Er wollte sie noch am Abend zünden, um am nächsten Morgen gleich mit der Aufarbeitung beginnen zu können. Die Explosion brachte eine verheerende Wirkung. Der ganze Hügelvorsprung geriet in Bewegung und begrub die Wohnhütte mit der Frau und den fünf Kindern. Für die alarmierten Feuerwehren von Endingen und Lengnau gab es nichts mehr zu retten. Noch in der Nacht gruben sie die sechs Leichen aus und legten dann den verschütteten Talenbach wieder frei. Das Unglück machte tiefen Eindruck. Die Begleitumstände liessen es besonders tragisch erscheinen: die ärmlichen Verhältnisse, die Abgeschiedenheit des Orts, der gewaltsame Tod einer Mutter mit ihren Kindern, der Vater als fahrlässiger Verursacher. Die Toten wurden in einem gemeinsamen Grab auf dem Friedhof von Lengnau beigesetzt. Die sechs dürftigen Holzkreuze und die ungepflegten Grabflächen hoben sich noch viele Jahre von der übrigen Friedhoflandschaft ab.

Chürbsenchilbi in Gippingen, Beispiel einer
lebendigen, eigenständigen Ortskultur.

# Dank

Der AT Verlag und die Autoren danken den folgenden Gemeinden im Bezirk Zurzach, die dieses Werk durch eine Abnahme von Büchern massgeblich unterstützt haben:
Baldingen
Böbikon
Böttstein-Kleindöttingen
Endingen
Fisibach
Full-Reuenthal
Kaiserstuhl
Koblenz
Leibstadt
Lengnau
Leuggern
Mellikon
Rietheim
Rümikon
Siglistorf
Tegerfelden
Unterendingen
Wislikofen
Zurzach

Im weiteren danken der AT Verlag und die Autoren den folgenden Institutionen für ihre grosszügige finanzielle Unterstützung:
Kanton Aargau
Ziegelei Fisibach AG, Fisibach
Solvay Schweiz AG, Zurzach
Nordostschweizerische Kraftwerke AG, Baden
Kernkraftwerk Leibstadt